講談社文庫

叡智のひびき

天風哲人箴言註釈

中村天風

講談社

はじめに

本書は、天風会の機関誌「しるべ」誌上に、昭和三十一年五月（第二十九号）から同三十七年三月（第五十九号）に至る満六ヵ年に近く、三十一回にわたって毎号連載され、会員の絶賛を博した哲人天風先生述「箴言註釈《しんげんちゆうしやく》」を収録編集し刊行するものである。

この「箴言註釈」は、天風先生が一ヵ月間のわれわれ会員の毎日の生活の指針として与えられたカレンダー様式の「天風箴言」について、天風先生創見の心身統一法の立場から分かりやすく詳細に註釈を述べられたもので、会員はこの註釈によって、はじめて箴言の中に含まれた真理を徹底的に理解し得て、それを直ちに日々の精神的糧《かて》としてとり入れるに役立つ珠玉《しゆぎよく》の文字であった。

今回、月間三十一日の箴言に対する註釈完了を機として、ぜひこの註釈を一冊にまとめた形にして欲しいとの多数会員の熱望にこたえ、天風先生の御許諾を得て刊行の運びとなったことは、ここにあらためて天風先生に対し深い感謝の念を捧げるとともに、会員同士御同慶《ごどうけい》に勝《た》えない次第である。

「天風箴言」は決して巷間《こうかん》ありふれた修身訓のたぐいではない。過去半世紀の長い間、天風先生の命を賭けられた尊い体験と、深い研究の結果大成されたユニークな宇宙観、世界観、人間観、人生観を基調とする正しい人間の活き方の実践的方法を示す貴重な章句なのである。この箴言を現実化するに必要な実際的方法は、会員のすべてが天風先生によって教示され、充分知悉《ちしつ》しているところ、ここに敢えて述べるまでもないであろう。

本書によって、「日々新たに」われわれの日常生活に、力強い指針と輝かしい内省の光を与えられる箴言の一言一句について、広い背景と深い理解のもとに、実践躬行《きゅうこう》の毎日を送られるならば、それこそ正しく「真人生の顕現《けんげん》」であり、それがやがて註釈の筆を執《と》られた哲人天風先生の御素志《そし》に適うものとして天風先生の最も喜ばれるところであることを信じて疑わない。

昭和三十七年十二月

財団法人天風会第二代会長　安武貞雄

（天風会発行「箴言註釈」あとがきより）

叡智《えいち》のひびき

目次

叡智のひびき

天風哲人 箴言註釈

箴言一

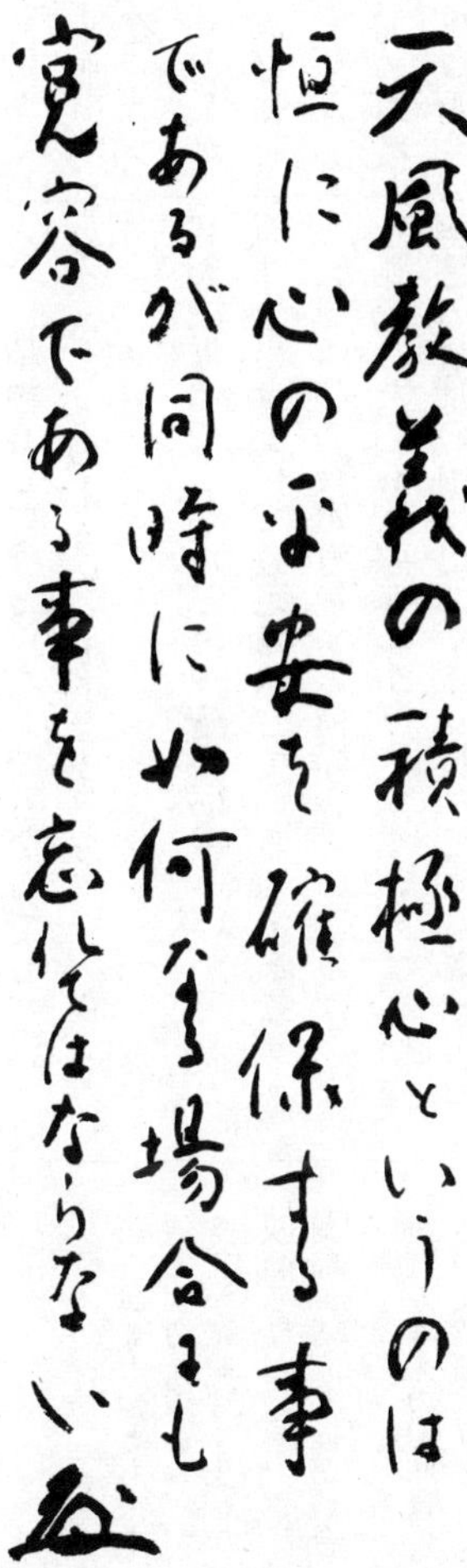
天風教義の積極心というのは
恒に心の平安を確保する事
であるが同時に如何なる場合も
寛容である事を忘れてはならない

天風教義の積極心というのは恒《つね》に心の平安を確保する事であるが同時に如何《いか》なる場合にも寛容である事を忘れてはならない

由来《ゆらい》積極ということは、消極に対する比較語辞《ごじ》であるがため、多くの人は、積極心というと、なんでもかんでも強気一点張りで応接することのように、ともするると思いがちである。

しかし、天風哲学ではもっと**第一義**的に、いいかえると高度にその意味を引き上げて**査定考量**《さていこうりょう》しているのである。

すなわち、天風哲学の査定考量する積極心というのは、一切の**対峙**《たいじ》から離脱した心的状態＝わかりやすくいえば、いつも講習会の**垂迹**《すいじゃく》の言葉の中に出てくる「晴れてよし曇りてもよし**不二**《ふじ》**の山**」という、あの心持ちのことをいうのである。

しかるに、前述のとおり、多くの人が考える積極心というものは、いつも消極という相対比較をその考量の中心とするために、知らず知らずの間に、対消極という対峙気分をそう

第一義＝もっとも根本的で大切なこと

査定考量＝調べ考えて決める

対峙＝対立し向かい合う

垂迹＝本来の意味は、仏が民衆を救うために仮の姿で現れること。ここでは天風が真の教えを下されること

不二の山＝富士山のこと

だと考定している傾向が顕著《けんちょ》にある。

　ところが、万一、そうした心持ちを積極心だと考定すると、勢い心の前に現れるすべてのことと常に拮抗《きっこう》する気分にならざるをえなくなる。

　そうして、幸いに、その拮抗に打ち克《か》てばとにかくであるが、人事世事《せじ》纏綿《てんめん》として複雑頻繁《ひんぱん》に心に絶え間なく去来するのが人の世の常、その際、不幸に心がその拮抗に打ち克ちえざりし場合は、あたらせっかく今まで把持《はじ》していたつもりの積極心と思い込んでいた心は、たちまち崩壊の憂き目に逢着《ほうちゃく》する。

　すると、もう心は即座に積極であり得ぬことになる。かくのごとくに心が事柄の条件次第で、その態度が変化するようでは、いわゆる積極心とはいいえぬのである。

　要するに、真の積極心というのは、事あるも事なき時も、常にその心が泰然《たいぜん》不動《ふどう》の状態であるのをいうので、しかも、そうした心的状態というものは、断然拮抗ということから超

拮抗＝ほぼ同じ力で互いに張り合うこと
纏綿＝まとわりつく
把持＝しっかり持つ
逢着＝出会うこと
泰然＝落ち着いていて物事に動じない様子

越していない限りは、とうてい現実化しえないのである。

かるがゆえに、心が心の前に顕現《けんげん》せし事柄と相対峙して克ちえている状態、いいかえるとその事柄に脅《おびや》かされず負けていない状態を積極心だと思惟《しい》しているとすれば、それは強いていえば、相対的積極というので、われらのいう真の積極ではないのである。

要約すれば、何事があろうが……詳しくいえば、病難に襲《おそ》われようと、運命難に陥《おちい》ろうと、心がこれを相手とせず、またたかかわり合いをつけず、いいかえると勝とうともせず負けようとも思わず超然《ちょうぜん》として晏如《あんじょ》たることをえて、初めて天風哲学の理想とする積極心＝平安を確保しえた心的状態＝絶対的の強さをもつ心となり得るのである。

それから、今一つ、特に必要なことは、たとえ自己自身の心がそうなりえたとしても、いかなる場合にも自己の心的状態で、他人の心的態度を忖度《そんたく》しては断然不可であるということである。

顕現＝はっきり現れること

晏如＝安らかで落ち着いた様子

忖度＝他人の気持ちを推察する

これをもっとわかりやすくいうならば、自分に対しては、常に厳然《げんぜん》として自ら粛《つつし》まねばならぬことは何よりも必要のことであるが、自己以外の人に対しては、あくまで清濁併《せいだくあわ》せ呑《の》むという寛容《かんよう》さを失ってはならない。

万一、この寛容ということを失うと、またしても真の積極心を把持《はじ》するのに最大なる妨害をなすであろうところの拮抗心＝負けまい勝とうという＝相対心が発動してきて、せっかくの努力を空しくせしめて憐れ**九仞《きゅうじん》の功《こう》を一簣《いっき》に虧《か》く**の憾《うら》みを招来する恐れがあるからである。

江戸時代の俳聖《はいせい》の句に、「気にいらぬ風もあろうに柳かな」というのがある。まことに天風哲学の人生理念とする積極心把持に対する尊い**偈辞《げじ》**なりと痛感する。

否《いな》かくありてこそ、自ら処して超然、人に処して**靄然《あいぜん》**という、人生哲理の現実化を徹底しうると信念する。

九仞の功を一簣に虧く＝山を築くのに、最後の一かごの土を欠いたために完成しなかったということから、最後に油断すると失敗するとのたとえ

偈辞＝真理のことば

靄然＝おだやかな様子

箴言二

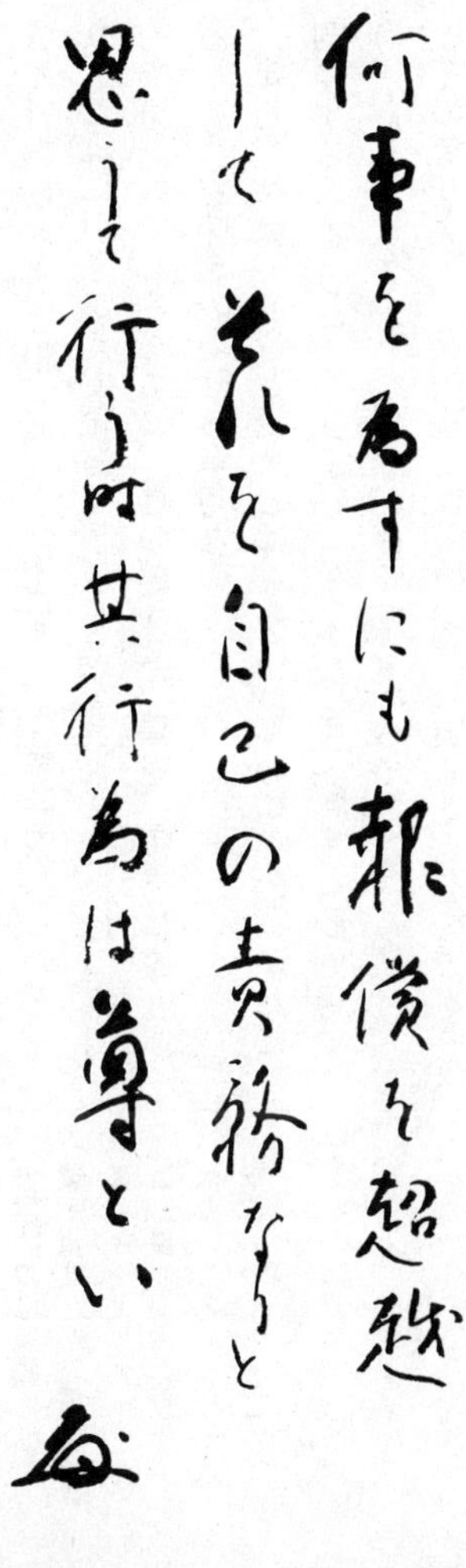
何事を為すにも報償を超越して
それを自己の責務なりと
思うて行う時其行為は尊とい

何事を為すにも報償を超越してそれを自己の責務なり
と思うて行う時其行為は尊とい

この箴言《しんげん》の意義は、せんじつめれば、**報償**《ほうしょう》を目当てになされる行為はおよそ相対的で、換言《かんげん》すると**第二義**なものとなり、これに引きかえて報償を超越してなされる行為は、絶対的で第一義であるために、真の尊さは、**畢竟**《ひっきょう》、後者に厳在するという意味を表現せる章句なのである。

要約すれば、前者と後者とは、その行為の結果のいかんに関係するところなく、その行為の全体を支配する心的現象に、あるデリケートな相違が存在するからである。

そのデリケートな相違とは、曰《いわ》く、真実心＝真心のこもり方というものなのである。

よく、世俗の言葉に、これはさすがに金のかかっているだけに、よくできている、ということがある。

がしかし、その場合、金がかかっているから、まごころも

報償＝徳のむくい。この意味では一般には報奨・報賞だが、天風はこの字を使った

第二義＝根本の意義ではないこと

畢竟＝つまるところ

こもっているとはいえない。

また、その場合、その報償の**多寡**《たか》で、まごころのこもり方に差異があるとしたら、そのまごころなるものは、報償の多寡に左右されるものなのだから、厳密《げんみつ》にいえば、まごころというべき尊厳なものでなく、強いていえば念が入れられたとか、丁寧《ていねい》にされているとかという言葉で形容すべきが妥当《だとう》である。

いずれにもせよ、人間の行為に、まごころのこもってなされるものとその「否」との場合は、その結果の事実のいかんにかかわりなく、その行為の「尊さ」というものに、すこぶる格段の相違がある。

たとえば、きわめて**卑近**《ひきん》な例ではあるが、他人の危難《きなん》を救うというような場合、報償を目当てにして人を救ったのと、断然報償などを念頭に置かずに救ったのとは、たとえ**敢然**《かんぜん》として難を冒して救ったというその行為と事実とは同様であろうとも、その行為の尊さに、全然大きい隔《へだ》たりがある。

多寡＝多い少ない

卑近＝ありふれた

敢然＝思い切って行う

というのは、多くいうまでもなく、後者は、人の危難を救うのは、人間の当然の責務《せきむ》だ＝当たり前のことだと思うと、自然とそれがまごころであるのだから＝**毫末**《ごうまつ》も、報償などということを、その行為に対する計算の中に入れていないからである。

いいかえれば、その行為の因《もと》をなす「心」なるものが、報償というものを念頭に置いた「心」と、全然相違する「まごころ」という純正なものであるから、断然正しく、清いのである。

多言《たげん》するまでもなく、真理は、万事に、**通貫**《つうかん》する。

事実において、それは、人を救うというような大きい事実に対してのみならず、日常の人生生活の際に行われる行為に対して考察しても、またしかりであると痛感されるものがあると思う。

たとえば、ちょっと一杯の茶を出すのでも、「ハイ」と返事をするような些細《ささい》な行為でも、そのとき、何の報償をも念

毫末＝毛筋の先の意から、ほんの少し

通貫＝貫き通っていること

頭に置かず、すなわちその人の気に入られようとか、あるいは、好感をもたせようとかいうような気持ちでなく、そこに一点何の求むるものなき、純一無雑《じゅんいつむざつ》な「心」で、それが行われるとき、その行為から、形容のできない温かいものを感じる。それはすなわち「まごころ」というもののもつ尊さの**感応**《かんのう》である。

と同時に、いま一つ理解しておくべき重要なことは「まごころ」で行われる行為には、絶対の強さというものがあるということである。

ところが、この**忽諸に付せ**《こつしょ》《ふ》られぬ大きな事実を、現代人の多くは、正しく諒解していない事実傾向がある。

「まごころ」で行われる行為に、絶対の強さのあるというのは、そもそもいかなる理由があるのかというに、要約すれば「まごころ」という「心」の中には、期待というものがないから、当然失望というものがないからである。

多くいうまでもなく、失望というものは、ある期待が裏切

感応＝心に感じ応ずること

忽諸に付す＝おろそかにする

られたときに発生する相対的心理現象である。

かるがゆえに、報償を行為の対象とすると、その報償は、当然「期待」というものが付随《ふずい》するから、その報償が、期待通りであれば何等《なんら》の失望は生じないが、そうでないと、すぐさま失望念が発生する。すると期せずして、その行為にいわゆるムラがでてくる。したがって当然その強さというものが、ややともすると、失われがちになるのである。すなわち、これが何事をなすにも、報償を超越してなすべしと、力説するゆえんなのである。

さればいかなる場合にも、われら天風会員のごとく、真理に順応して、真人生に活きつつあるものは、すべからく、**常住**《じょうじゅう》何事をなすにも、Emolument is not object with me.（報酬は私にとって目的ではない）を、われらの人生モットーとして生活することに、注意深く心がけねばならない。

またもしも、いささかたりとも、報償を本位とするという

かるがゆえに＝それゆえに

常住＝ふだん

がごとき、凡俗《ぼんぞく》同様の卑《いや》しむべき心持ちが発生したなら、そのときは、講習会の際に、しばしば耳にされている、あの「箱根山　駕籠《かご》に乗る人担《かつ》ぐ人　そのまた草鞋《わらじ》を作る人」という**古諺《こげん》**を思い出すがよい。さすれば、この世の中に活きるのは、いかにえらくなっても、自分一人で生きられるべきものでなく、人あっての自分、自分あっての人ということが、即座《そくざ》に直感され、その直感が良心に感応すれば、報償を超越した責務感《せきむかん》となり、さらに当然の帰結《きけつ》で、その責務感がまごころとなって発露する。

まごころなるものは、**超特的**な積極性の「**心意**」なのであるから、前述の通りその行為に絶対の強さが付随するがゆえに、その生活行為にも何等《なんら》の疲労困憊《ひろうこんぱい》を感じないことになる。

そして期せずして、日々の人生が、いつも潑剌颯爽《はつらつさっそう》として、明朗そのものになり得るのも必然である。

まことや、尊いかな、まごころである！

古諺＝古いことわざ

超特的＝ことにすぐれぬきんでること

心意＝こころ

しょせんは、まごころの生活こそ、人間の純正生活の基本要諦《ようてい》をなすもので、同時に**安心立命**《あんじんりゅうめい》の**真義諦**《しんぎてい》である。

常に粛《つつし》み省《かえり》みよう。

要諦＝肝心なところ

安心立命＝すべてを真理に従って活き動じない安らかな境地

真義諦＝真実の意義のあるところ

箴言三

自分の心の中に何かの悩みがあるならば先づそれは取越苦労か或は消極的思考かの何れかである
故に入念に省察すべし

自分の心の中に何かの悩みがあるならば先《ま》づそれは
「取越苦労」か或は「消極的思考」かの何《いず》れかである
故に入念に省察すべし

およそ悩みという心理現象くらい人生を暗くするものはない。

したがって、人生に対する哲学的最高理想からいうと、この心理現象は、人類に対しては、むしろあらずもがなのものだといいたい。

ところが人々の多くは、決してそうとは考えていない。否、反対に、人間である以上は、何かなしの悩みを心にもっているのが当然だと思い決めている。

中には、悩みを持たぬ人間なんていうものは、人並みの人間ではなく、極度に神経の鈍《にぶ》い愚《おろ》か者《もの》か、さもなくば、何の不自由も不満も感じない恵まれきった人生に活きている幸福な人か、もしくは、完全に人生を**大悟徹底**《だいごてってい》しているという、極《きわ》めて稀有《けう》な優《すぐ》れた人だけのことで、普通の人間である限り

大悟徹底＝完全に悟りきること

は、断然そんな「悩み」のない人間などというものは、この世にあろうはずのないことだと、思いこんでいる人さえある。

しかしあえていう。もしもそうした考え方が、正しい真理だとするのなら、およそ人生くらいみじめなものはないといわねばならない。

なぜというに、もしも、それがほんとなら、人生は、少しも明るく活きられない暗い世界であるということになるからである。

そもそも万物《ばんぶつ》の霊長《れいちょう》たる人間の世界というものは、そんな不条理《ふじょうり》千万《せんばん》のものなのであろうか？

否！

天風は断然断言する。

要するに、そういう第二義的な考え方で人間というものを考定《こうてい》するのは、**畢竟**《ひっきょう》人間というものの生命の価値本源《ほんげん》なるものの認識に、少なからぬ不全なものがあるがためだからであ

畢竟＝つまるところ

る。

くわしくいうならば、人間の心は、その統御《とうぎょ》が完全でありあたうならば＝換言すれば真理に合致《がっち》して積極的であり得るならば、「悩み」というような人生を暗くするがごとき消極的の心理現象は、その意識領域の中に絶対に発生しないという価値の高いものが、自己の生命の中にあるということを、正しく認めていないがためなのである。

もっとくわしくいえば、「悩み」という心理現象は、決して発作《ほっさ》的に偶発《ぐうはつ》するものでなく、必ずや、その心の中に、何かの取り越し苦労かまたは消極的の思考、すなわち憤怒《ふんぬ》、恐《きょう》怖《ふ》、悲観《ひかん》、憎悪《ぞうお》、怨恨《えんこん》、嫉妬《しっと》、復讐《ふくしゅう》、憂愁《ゆうしゅう》、煩悶《はんもん》、苦労等々というような消極的感情情念が、心頭《しんとう》（実在意識領域《じつざいいしきりょういき》）に発生する結果現象なので、しかも取り越し苦労等々の消極的の感情情念というものの大部分は、しばしば研修科の心意識に関する講演の際に講述《こうじゅつ》している通り、それはせんじつめれば、潜在意識《せんざいいしき》の整理が完全に施《ほどこ》されていないからの結果なので、要約すれば潜在意識の整理が不完全だと、本能**心意**《しんい》の中に「不要残留《ふようざんりゅう》心意」なるものが多分に存在することとなるために、その不要残留心意なるものが素因《そいん》となって、それが前《ぜん》掲《けい》のような種々の消極的感情情念となって実在意識領域に発現し来たって、その結果、いわゆる「悩み」という値打ちのない心理現象となるのである。

由来、原因と結果は、恒《つね》に一連の**因由**《いんゆ》**関係**の下に統一されているものであるから、「悩み」のないときの「心的状態」を内観《ないかん》してみると、この**消息**は明瞭《めいりょう》に合点《がてん》がいくと思う。

すなわち「悩み」のないときは、心頭に取り越し苦労というような思念《しねん》現象も、またその他の消極的感情情念もいささかも発生していない。

だから、この現象に鑑《かんが》みるとき、明るい朗《ほが》らかな人生に活きるのにはまず悩みという心理現象を心に持たせぬよう、平《へい》素《そ》正しい準備を施《ほどこ》すことが、何よりも肝心《かんじん》な人生の**要諦**《ようてい》なのである。

心意＝こころ

因由関係＝因果関係

消息＝事情

要諦＝肝心なところ

実際！　このことたるや極めて重大なる人生条件であるのであるが、特に、われわれ天風会員は、こうした尊貴《そんき》な人生条件を如実《にょじつ》に解決しうる諸種の方法を会得《えとく》している誇りを持つ貴重な存在である以上、いっそう厳格《げんかく》にこの点を省察《しょうさつ》せねばならない。

そして少しでも何らかの「悩み」を、今なお時々感じるというような人があるならば、それは要するに、世人の多くが求めてもなおかつ容易に修得《しゅうとく》する貴縁《きえん》に恵まれあたわぬユニークのHow to do?（いかになすべきか？）を会得させられたという尊貴の因縁《いんねん》を、平素知《し》らず識《し》らず尊さに狎《な》れて、心ならずもないがしろにしているがためなのであるから、より一段と今日よりさらに思いを新たにして、天風教義の実践《じっせん》に努力されよと、あえて**衷心**《ちゅうしん》より熱奨《ねっしょう》する。

勿謂今日雖不行有来日（いうなかれ　今日行わずといえどもまたの日があると）

衷心＝心の底

勿謂今年雖不行有来年（いうなかれ　今年行わずとも来年もあると）

日月忽去歳年再不帰来（月日というものはたちまち去って二度と来ない）

行而勿倦人生之真定道（倦《あ》きずに行うというのが人間の本当の安定の道）

ともすれば　おこたりがちになるものぞ
こころすべきは　こころなりける

箴言四

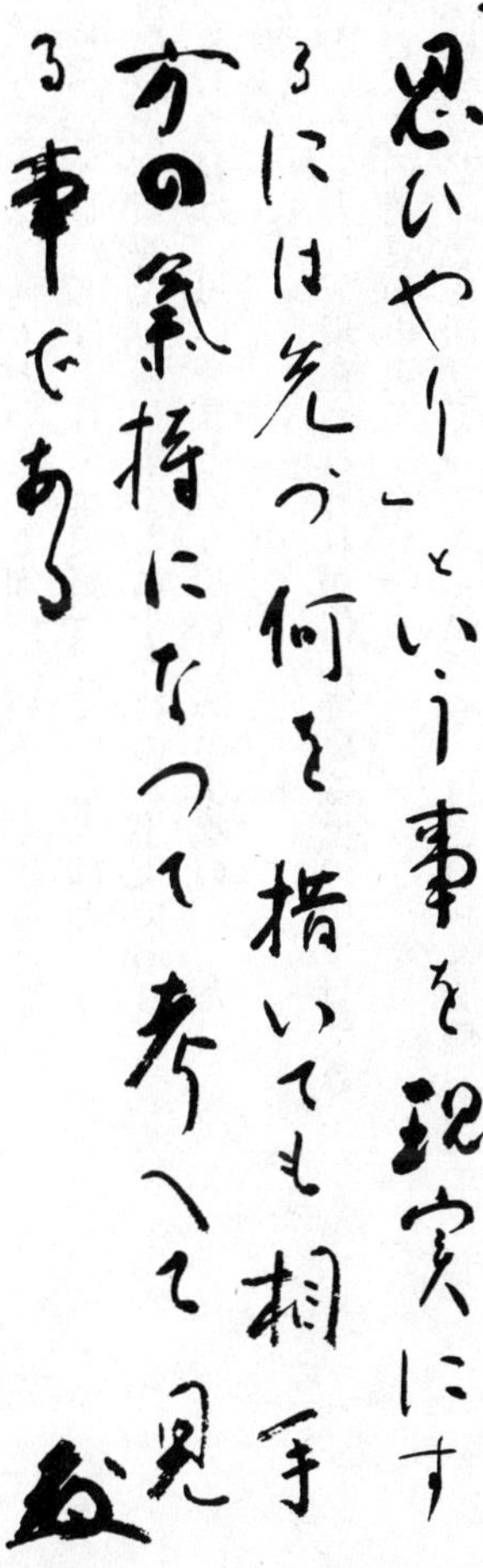

「思ひやり」という事を現実にするには先《ま》づ何を措《お》いても相手方の気持になつて考へて見る事である

思いやりということが、いかに尊い、聖なる情念であるかということは、何人《なんぴと》といえども知っている。

しかし、しからばそれを真実実行している人はというと、特に現代、遺憾《いかん》ながら、まことに少ないのが事実である。おおむねは、思いやりという暖かい心の少ない、冷たい人が多い。

ということは、現在われわれが住んでいる世の中を見てみると、この消息の事実がすぐ分かる。

社会のどの層に活きている人を見ても、自己の利害関係のみを本位とし、いささかなりとも、利害関係に**相剋**《そうこく》のある場合は「思いやり」などという心持ちを露《つゆ》ほども出さず、断然極度のエゴイストになる人が実に多い。

そして、この風潮は、嘆《なげ》かわしくも、夫婦、親子、兄弟姉

相剋＝互いに争うこと

妹の間柄にも浸透している。

だから概して、和気あいあいたる、平和な状態の家庭が現代極《きわ》めて少ない。

これというのも、畢竟《ひっきょう》「思いやり」という、聖なる心情の発露《はつろ》に一番大切な根本要素である相手方の気持ちになるということを考えないからである。

相手方の気持ちになるということは、わかりやすくいえば「自分が先方の立場にいたらどうであろうか」ということを考えることなのである。

由来、このことがらが人生に対して、いかに大切なことであるかは、古今東西にわたって、いろんな言葉で表現されているのでも諒解される。

誰でもが知っている言葉に「君子の道は忠恕《ちゅうじょ》のみ」というのがある。この語は二千年の昔孔子《こうし》がいった訓語《くんご》で、忠恕とは、正しき思いやり、ということなのである。正しき思いやりとは、自分が、先方の人間になって考えるということであ

畢竟＝つまるところ

る。

また英国にも古いことわざにTo be peaceful human life, put oneself in another's place.（他人の立場に自分を置いてみれば、幸せな人生が送れる）というのがある。これもまた前句と同様の意味を持つ言葉であるのは、読めばすぐわかると思う。

実際！　自分以外の人の心持ちを理解しあうことが出来るという、特殊の精神能力を、人間だけに賦与《ふよ》されているのはなにゆえぞ、と考えたら、何事に対しても、まず相手方の気持ちになって考えてみることが、すべてのことの解決をスムーズにする秘訣《ひけつ》だと理解される。

というのは、多くいうまでもなく、相手方の気持ちになれば、期せずして「思いやり」という聖なる心情が、湧然《ゆうぜん》として発露《はつろ》して来るがためである。

ところが、こうした真理がわかっていても、なかなかいざとなると、相手方の気持ちになって考えようという気持ちに

賦与＝生まれながらに備わっていること

湧然＝わき出るようなさま

なれないという人がある。

知らざりせば豈《あに》あえて何をかいわん、しかし知っていて、なおかつそうした気持ちになれないというのは、そも一体いかなるわけかというに、それはせんじつめれば、畢竟《ひっきょう》その人の人生観なるものが、あまりにも「自己中心主義」に偏重《へんちょう》されているからなのである。

そして、自己中心主義に、その人の人生観がなっているのは、人生生活に対する精神態度が知らず識らずの間に何等の自制も克己《こっき》もないセルフ・ファスト（自己中心）という価値のない状態に習性づけられたからという、ちょっと普通の場合、自己に対する公平な省察《しょうさつ》心のない人に、気付かれない素因《そいん》があるからなのである。

が、とにかく、こうした人生観で、この貴重な人生に活きると、一切の事物事象に対する考察が、勢い普遍的《ふへんてき》であり能《あた》わなくなって、結局どうしても狭義《きょうぎ》なものに余儀《よぎ》なくされる。

豈あえて……＝あえて何も言わない

すると、その当然の結果として、人間のみのなし能う美しい心情である「思いやり」という、聖純《せいじゅん》なるものの発露に一番大切な、相手方の気持ちになって考えるという、根本要素が無になる。

しこうして、さらに、われらかりそめにも、宇宙真理に正しく順応して真人生に活きんと念願する天風会員の、正しく理解すべき必要な真理は、なぜ人間というものの大部分が（特に現代の）、「自己中心主義」という人生観で活きている人が多いのかということである。

それは、その観点の置き方を異にしたり、または**演繹的**《えんえきてき》に理由づけたら、総合することのできない複雑なものが考えられるであろうが、これを**帰納的**《きのうてき》に要約すると、「世界観が、正当に確立されていない」からだと、断言する。

そして世界観が正当に確立されていないのは、せんじつめると宇宙の真相というものに対する考察と理解とに、徹底《てってい》し

演繹的＝一つの原理を土台として他のことを推論し説明すること。ここでは、さらに詳しく説明すると、の意

帰納的＝具体的な事実から、法則を導き出すこと

たものを、その人生知識の中にもっていないがためであるということが、その原因をなしているのである。

事実において宇宙の真相というものが、正しくわかってくると、自己中心主義という人生観は、決して完全人生に活きんとする者の正当な人生観でないことが、自然と合点《がてん》できるようになる。

そこで、しからば、宇宙の真相を正しく感得《かんとく》するには、何をどう考えればよいかというに、まず第一に考察すべきことは、この世にありとあらゆる万物万象《ばんぶつばんしよう》は（もちろん宇宙そのものも）そも何によって作為《さくい》されているかということである。

これが、宇宙の真相を感得する根本要諦《こんぽんようてい》である。

そもそも、この世の物という物のすべては、要約すれば、いずれもそのことごとくが皆「空《くう》」と名付ける「唯一つの実在」という絶対のものから作為されているのである。

ただし、「空」とは、無ということではない。「無《む》」は、何

要諦＝肝心なところ

もない＝Nothingである。

「空」とは、何もないのでなく、厳密にいえば、「空」とは意識感覚の線上に現出しない「有《ゆう》」なのである。

これを、前にも記述したとおり、今から五十余年前までは、何人も科学的の論証を施《ほどこ》した者が世界のどこにもいなかったのであるが、一九〇七年、ドイツの**プランク博士**が、この「空」の世界こそ、すなわちKonstant-Hydrogenium（化学名、常数H）＝訳名、永久不滅の水素ガス体というものであると査定《さてい》発表した。すなわち、われらの「空」と称する世界は永久不滅の水素ガスが充満《じゅうまん》している一実体であるというのである。

しかし、その以前までは、こうした確定《かくてい》した科学的名称がなく、極微粒子《ごくびりゅうし》という名称で科学者間に呼ばれていたものである。

が、いずれにしても、こうした永久不滅の絶対的の実在物である「空」なるものから、一切の万物万象が作為されてい

プランク博士＝一八五八年生まれの理論物理学者。熱放射力学等を研究しノーベル物理学賞を受賞

るのであるが、ここで特に深甚《しんじん》なる注意を厳《おごそ》かに促《うなが》さねばならぬことがある。

それは、そもそも何であるかというに、かくのごとき尊厳《そんげん》な事実と過程によって作為されたる万物万象のすべては、いずれも一切独自的に存在するものは一つとしてなく、厳密《げんみつ》に相互に協調して、その存在を確保しあっているという、犯《おか》すべからざる現実があるということである。

わかりやすくいえば、もちつもたれつ、互いに助け合って調和を図《はか》りながら存在しているということなのである。

そして、この調和が完全である間は、その物象《ぶっしょう》の存在は安定しているのである。

それから、もう一つ忘れてならないことは、その調和が、何かの原因で破れると、それをそのままにしておかないという無限の親切さが、この「空」なるものによって常住《じょうじゅう》行われるという事柄《ことがら》である。

すなわち、常に、不完全を完全に復元しようとする努力

深甚＝意味が深いこと

常住＝いつも

が、自然作用でくり返されているのである。

いいかえれば、いつもこの宇宙の一切を完全であらしめるための、すなわち復元《ふくげん》という大作用がこの「空」なるものの力によって、さまざまの変遷《へんせん》と推移《すいい》を持ちながら、絶対に**不断**《ふだん》の状態で、果てしなく継続して行われている。

そして、かくして、いわゆる諸行無常《しょぎょうむじょう》の姿をもって、この世は間断《かんだん》なく、ひたすらに完全へと、進化し向上しているのである。

これがすなわち、宇宙の真相である。

さあそこで、この尊厳な大事実を考えると……否、この犯すべくもあらぬ現実の中に、お互い人間が、生存生活しているのだということに想到《そうとう》したなら……、

どうです！

自己の存在のみを重視して、他との協和も協調も考えないで活きるという、自己中心主義が、決して正当な人生観でないということが容易に**首肯**《しゅこう》されると思う。

不断＝絶え間ないこと

首肯＝うなずくこと

しかり
もっとも厳正なる人生観は、
曰《いわ》く
「自他共存主義」すなわちこれである。
これを、わが天風哲学は、
「自他統一主義」と呼称《こしょう》する。
しこうして、この自他統一主義が、真理に則した人生観だとしたら、どんな場合にも、人間のすべての人生接捗《せっしょう》に対しては、まず、何よりも、相手方の気持ちになって考えてみることが、もっとも正しい人生態度だと、簡単にわけなく気がつくべきである。
まことに銘《めい》すべく、
また、必然実践すべきであると心に銘すべきである。

接捗＝交渉、対応

箴言五

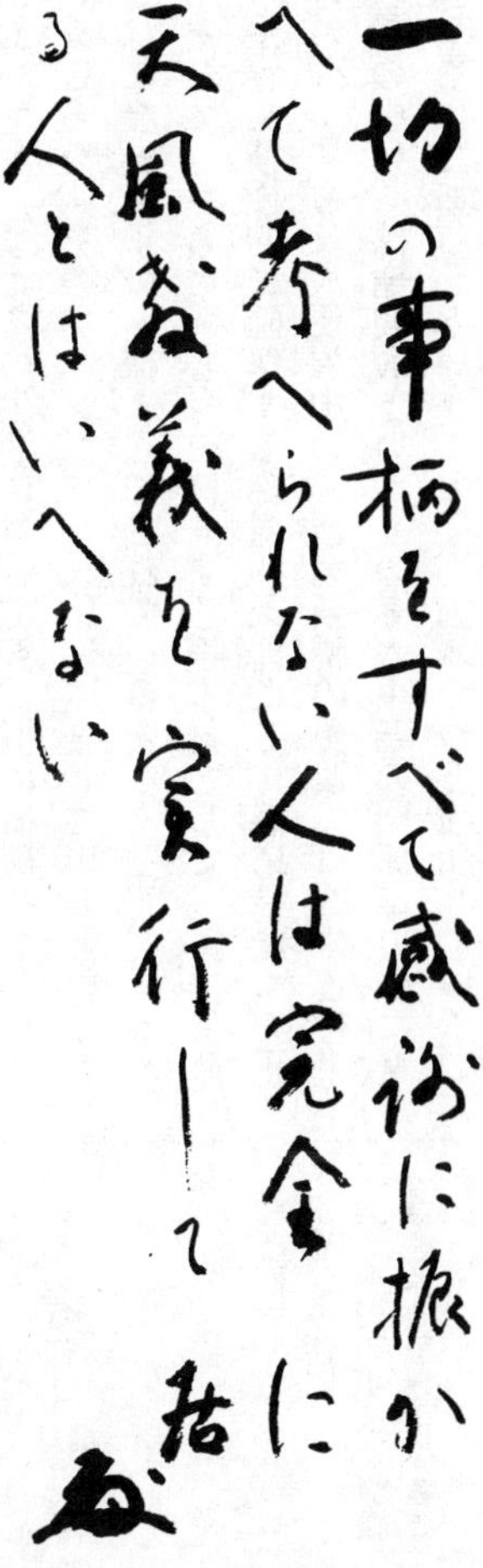
一切の事柄をすべて感謝に振か
へて考へられない人は完全に
天風教義を実行して居
る人とはいへない

一切の事柄をすべて感謝に振かへて考へられない人は完全に天風教義を実行して居る人とはいへない

そもそも天風教義たる**心身統一法**《しんしんとういっぽう》の根本信条が、その生存に対しても、またその生活に対しても、恒に積極的であれということを、そのプリンシプル（原理）としているということは、会員諸子《しょし》の一様に熟知《じゅくち》されているところと確信する。

そして、さらに、心身を統一する根本義として、精神生命の生存を積極的に確保する絶対的条件たる「**感応性能**《かんのうせいのう》」を正確に強くする三大要項中の「**観念要素**《かんねんようそ》**の更改**《こうかい》」に関する付帯《ふたい》教説《きょうせつ》の中に、**感謝観念**《かんしゃかんねん》というものと人生との関係がいかに**緊**《きん》**要**《よう》なものであるかということを、講習のつど強調していることも諸子の**知悉**《ちしつ》されておられることと信じる。

そして、感謝観念をもって人生の一切に応接してこそ、それが人生を現実に有意義に決定する不可犯《ふかはん》の哲学的真理であるということも、充分理解されておられると信ずる。

心身統一法＝心と身体を命において統一するための行修法

感応性能＝心のもつ暗示感受の性能

観念要素の更改＝潜在意識領を積極化すること

感謝観念＝感謝の気持ち

緊要＝非常に大切なこと

知悉＝知り尽くすこと

ところが数多くの会員の中には、**這般**《しゃはん》の消息を充分理解されているにかかわらず、いざとなると「実行これに伴わず」という状態で、とかく不満や不平が先行して、感謝を考えようとしないという遺憾《いかん》な人が、まあるらしいことを見聞する。

要するに、この箴言《しんげん》は、そういう人々への反省を強く促《うなが》さんための章句であるともいえる。

考えて下さい。

いったい、理解されていないことならいざ知らず、かりにも理解されたことが、なぜ実行されないのか？　ということを。

もちろん、この理由を分析的に検討すると、観点《かんてん》の置きどころで、いろいろのことが憶測《おくそく》されるでしょう。がしかし、結論的に要約すれば、そういう人はどんなに抗弁《こうべん》の言葉を脚色《きゃくしょく》しても、畢竟《ひっきょう》は、実行しようと思う意欲が徹底的でないという点に**帰納**《きのう》されると断言してよいと思う。

這般＝これら

帰納＝具体的な事実から、法則を導き出すことそして、実行意欲が徹底的でないのは、その原因に自己完成への情熱が熾烈《しれつ》でないということがらがあるからである。

事実において、会員諸子の中には、いわゆる**初めは脱兎《だっと》のごとく、終わりは処女《しょじょ》のごとし**というような人を、時々見受ける。

もっとはっきり言えば、入会当時は、鉋《かんな》くずに火のついたような勢いで自他を感激させるほどの熱心さを見せるのが、やがて時日が重なり、三年、五年と経過すると、初めの勢いどこへやら、いつしか、その熱度を憐《あわ》れにも低下させてしまう人がある。

そうなると、おおむねはダメということになる。というのは、いくら理屈が理解されていても、肝心の自己完成に対する情熱が下火となっている自然的結果、何よりも大切な実行意欲というものが、力弱く点滅《てんめつ》するべく余儀《よぎ》なくされることとなるからである。

さあ、そこで、こうした事由が分明したならば、あらため

初めは脱兎のごとく……＝本来は、初めは処女のごとく後は脱兎のごとし（初めは処女のようにおとなしくしていて、のちには逃げる兎のように行動すれば、敵が惑う、の意）

て自己完成への意欲を燃え上がらすことに、一念を発起《ほっき》させるべく努力すべきではないでしょうか！

これも、いつもいっていることですが、人間の一生は、どうしてみても二生でないものである以上は、一生しかない人生を完成することなしに終わったのでは、万物《ばんぶつ》の霊長《れいちょう》として生まれたことが、まったく無意味になるではありませんか！ということを、もっともっと深刻《しんこく》に考察してみることです。

いったい、自己完成への情熱に、ややともすると**間歇**《かんけつ》があったり、凹凸《おうとつ》のある人というのは、自己完成という人生の大事実を、たいした努力なしに、極めて容易に達成しうるもののごとく、軽率にも簡単に考えているという嗤《わら》うべき点に、気づいていないがためだといわねばならない。

その証拠には、その種の人は、ある程度当初は努力することはするが、その努力が自己を満足せしめる程度のもので表現もしくは自覚されないと、この方法ではだめだというふうに軽率に判断して、次から次へと他の方法を求めるか、さも

間歇＝一定の間隔をあけて物事が起こること。ここではやったりやらなかったりすること

なければ、求道《きゅうどう》という、人間にのみ賦与《ふよ》されている尊い**心意**を、自分の精神領域から知らず知らず除去してしまう。人間万一そうなったら、自己尊厳の冒瀆《ぼうとく》であるばかりでなく、厳格な意味でいうと、精神的の自己《じこ》抛棄《ほうき》だということになる。

ところが、実際において、現代のいわゆるマスコミ時代には、そういう種類の人が多いのである。特に、理智階級者《りちかいきゅうしゃ》に情けないほど多いのである。

要するに、安易《あんい》な方法なり方便《ほうべん》で、いいかえると、たいした努力をなすことなしに人生を理想的に解決しようとする……否、解決しうるもののごとく思惟《しい》する浅薄《せんぱく》な思慮《しりょ》を、人間の当然の考え方のように思い込んでいる人が……。

しかし、そこへいくと、ほんとうに、**正念**《しょうねん》を持つ人というものは、決して人生というものをそんな浅い考え方で考えてはいない。

いつも講習会でも折あるごとにいっている、あの**石川素童**《いしかわそどう》**禅師**や、**杉浦重剛**《すぎうらじゅうごう》**先輩**や、また**頭山**《とうやま》**恩師**のような、**儕輩**《せいはい》の群

心意＝こころ

正念＝深く真理を思念すること

石川素童＝曹洞宗鶴見総持寺の管長

杉浦重剛＝明治・大正期の倫理学者

頭山恩師＝天風の青年時代からの恩師、頭山満のこと

儕輩＝なかま

をしのいで傑出《けっしゅつ》していた人は、求道の大精神がまったく文字どおり絶対不断であった。

そして、「教えは天の声であるから、ただただ一生を通じて、実行あるのみである」と、常々これら諸先輩は異口同音《いくどうおん》に後進会員に熱心に説示されていたという尊い事実を、昭和初期時代の古い会員は、今なお明瞭《めいりょう》に記憶されていられると思う。

が、いずれにもせよ、真理を如実《にょじつ》に理解づけられた以上は、その教えをただ一途《いちず》撓《たわ》みなく真剣に実行する以外に手段なしと正念されて、何をおいても、何事にも、ことのいかんを問わず、感謝するように心がけることである。特に、ちょっとでも不満や不平を心に感じるようなときには、よりいっそう、それを感謝に振り替えることに努力するように習性づける。

要は、この心がけをいかなる場合にも不断のものとするべきであると、あえて痛烈に勧奨《かんしょう》する。

箴言六

正しい愛情とはお互ひが活きて此世に存在して居るという厳粛なる事実を衷心から尊敬し合うことから湧いて来る

正しい愛情とはお互ひが活きて此世に存在して居るという厳粛なる事実を衷心《ちゅうしん》から尊敬し合うことから湧いて来る

多くいうまでもなく、天風教義の**イデオロギー**は、この世に活きる人々が、ほんとうに幸福に活きられるような、もっと明るい世界を作ろうということを、もっとも大切な重点としている。

もちろん、このことは、かりにも天風会員であるお互い**統**《とう》**一道人**《いつどうじん》は、いまさら事新しくいうまでもなく、十分に諒解されて、それを自己の人生に対する責務《せきむ》として、日夕《につせき》統一道の**践行**《せんこう》に精進《しようじん》されていることと確信する。

しこうして、このわれらのイデオロギーを、もっとも尊厳なものとして、その現実化を真に具体化するには、そこにまたいろいろの手段や条件を必要とすることも、あえて多くいうまでもないところで、要するに、天風教義たる統一道（心身統一法）の組織内容の中には、その手段や条件を現実に解

イデオロギー＝思想や主張、考え方

統一道人＝心身統一法を実践する天風会員のこと

践行＝実際に行うこと

決するために必要とする各種の方法と理解に対する重要な**エキストラクション**があるということも、講習の折にしばしば**垂迹**《すいじゃく》しているので、この点も会員諸子の周知のことと信ずる。

そして、そのエキストラクションの中で、ほんとうの明るい人の世の世界というものを現実に作り上げるのには、お互い人間同士がもっともっと、正しい愛情で愛し合わねばならないということも、機会あるごとに説いているから、これまた十二分に諸子の承知されていることと思惟《しい》する。

そもそも愛情とは一体いかなる心理現象に対して名付けられたるものなりや？　ということについては、『**哲人哲語**《てつじんてつご》』という私のエッセイを載録した小著の、第十六項に「愛の情ということに就いて」という題目で説示してあるから、それを読まれれば、十分に諒解されると信ずる。

そこで、その正しい愛情ということであるが、前掲の箴言《しんげん》章句《しょうく》にあるとおり、正しい愛情というものは、「お互い人間

エキストラクション＝抜粋、ここでは本質的なもの、の意

垂迹＝真の教えを下されること

『哲人哲語』＝昭和三十二年天風会から発行されたエッセイ集

が、こうしてこの世に活きて存在している」という犯すべからざる事実を、もっともっと真剣に、厳粛《げんしゅく》に思量《しりょう》して、そして心の底から、その生命の存在を虔《つつま》しやかに尊敬し合わない限りは、人間の心の中からとうてい発生して来ないというのが、人間の心理現象に対する峻厳《しゅんげん》なる宇宙真理なのである。これはぜひとも知っておかねばならない大切な人生理解なのである。

ところが、この大切な愛ということを唱説《しょうせつ》する宗教家でも、この肝心要《かんじんかなめ》の Gist（要点）を示教していない。もっとも、常にいっているとおり、こういうことばかりでなく、人生を研究している学者や識者でも、その多くは How to say?（いかに言うか）に重点を置いて、人生解決に何よりも大事な How to do?（いかになすべきか）ということを説いていないという遺憾《いかん》な実際傾向があるので……それというのも、忌憚《きたん》なくいえば、畢竟《ひっきょう》、人生哲理の研鑽《けんさん》や、あるいは心理現象に対する科学研究に、いわゆる真実の真剣さと不撓《ふとう》

峻厳＝きわめて厳しいこと
唱説＝説法すること
忌憚＝いみはばかること、遠慮
研鑽＝深く究めること
不撓＝たゆみない

の努力というものが、おそらくは欠如しているからではあるまいかと思惟される。

が、いずれにもせよ、ほんとうに愛するという気持ち＝正しい愛情というものは、活きている「いのち」に対する尊敬という心理的現象がこれに相対する**バロメーター**をなすものなのである。

だから、こうして、呼吸し、飲食し、排泄《はいせつ》し、そして、ものをいい、互いにその心を感じ理解し、さらにこうして生命が動いている。すなわち活きているという大事実を、**衷心《ちゅうしん》**から尊敬するという敬虔《けいけん》な気持ちにならないと、しょせん、正しい愛情というものは、心の中から湧《わ》き出てこないのである。**よしんば**、いくら愛そう憎むまいと思っても、である。

実際！　これはもっとも大切な理解なので、たとえ愛の心が宇宙根本主体《こんぽんしゅたい》の心＝**宇宙霊《うちゅうれい》**の心＝神仏の心であると、充分わかっていても、活きている「いのち」にたいする「尊敬」という気持ちが、徹底《てってい》しないと「愛」という尊厳《そんげん》なる心情が

バロメーター＝何かを知る手がかり

衷心＝心の底

よしんば＝たとえ

宇宙霊＝万物創造の根本活力

発露《はつろ》しないのである。

ですから、今の世の中に活きる人々が、ともすれば、極端な利己主義に堕《だ》し、自分一人さえよければ、他の人はどうでもよいというように考えて、それが何か人生への当然の活き方のように思って、自分の存在に関係する利害を標準として、「愛」の使い分けをする人の多いのも、結論的にいえば、人のいのちの存在に対する尊敬念《そんけいねん》が欠如しているからだといえる。

いのち！　とはこうして活きている現実の状態に名付けられた名称である。いいかえれば、不滅のエネルギーが、人間から人間へ、はっきりいえば親から子へ、子から孫へと、その生殖細胞《せいしょくさいぼう》へ**相伝**《そうでん》され、そしてそれが、現象界に現実に活動している状態を指していうのである。

これを、なんと凡庸《ぼんよう》の人々は一向《いっこう》に尊いことと考えない。それというのもせんじつめれば、活きているということの微妙さを不思議だと考えないからに起因《きいん》する。

相伝＝代々伝えつぐこと

ところが真理に徹すると、そういう人を、むしろ不思議だと反対に考えざるをえなくなるのである。

察するに、凡庸の人というものは、飲食し、排泄《はいせつ》し、呼吸をしておりさえすれば、「いのち」というものが活きていられるのが当然と思っているらしい。

そして、歩一歩を進めて、呼吸し、飲食し、排泄していれば、「いのち」が、活動するというのが、実に不思議だとは**毫末**《ごうまつ》も考えないらしい。

しかし、何といっても、いのちの活きているのは、実に不思議なのである！

特に、人間の活きているという、極度の微妙さをもって活動する生命の可能性を考えると……。

否、
不思議などという言葉では、とうてい形容のできない！

しからば何と形容すべきか！

曰《いわ》く……ミステリー＝神秘だ！

毫末＝ほんの少し

まったく神秘そのものである。

否、否、

この生命存在の真実の消息を静かに凝視《ぎょうし》すれば、期せずして、活きているという生命の姿の中に、神秘のさまざまが感得され、自然と心からそれを尊敬する気持ちになれるはずである。

いわんや、万物の霊長としての、絶賛《ぜっさん》に値《あたい》する自然的存在と絶対的資格とを惟《おも》うとき、よりいっそうの敬虔《けいけん》さを感じないではいられない！

天風哲学が、人間はその自然存在から、その価値の現実作為に営々《えいえい》として努力せねばならない、それが、宇宙本来の意図に順応する真の創造であると同時に、それがまた人間がこの世に万物の霊長として生まれてなさねばならない大使命であると、終始一貫主張するのも、要するに理由実にこの点にあるからである。

ですから、かりそめにも人生に絡《から》まる宇宙真理を践行《せんこう》し

営々＝懸命にはげむさま

て、理想的人生の建設にひたむきに念願《ねんがん》努力するわれわれ統一道人たる天風会員は、何をおいてもお互いの「いのち」の活きているという現実を、心の底から敬虔《けいけん》な気持ちで尊敬しましょう！

そして、正しい愛情の持ち主となって、明るい世界の現実建設を、人生最大の念願としましょう！

否、

そうした気持ちになりえてこそ、人各々《おのおの》、みずからを完全に活かすことになるのである！　と敢然として論断する。

否、否、否、

こうした気持ちになりえた時こそ、人各々、ほんとうに、人生価値をはっきりと把握《はあく》したことになるのであると、断乎《だんこ》として**喝破**《かっぱ》し、あえて諸子の猛省《もうせい》を促すべく諸子の魂《たましい》へと贈る。

喝破＝真理を説きあかすこと

箴言七

何としても怒り悲み怖れを抑制する
事の出来ない時はそういう時こそ
クンバハカ密法の修練に最も都合のよい
時であるから一段と真剣に実行するがよい

何としても怒り悲み怖れを抑制する事の出来ない時はそういう時こそクンバハカ密法の修練に最も都合のよい時であるから一段と真剣に実行するがよい

五千数百年という、この地球上に存在する人類史上、もっとも古い由緒ある歴史と価値高い事実とを伝統するインドのヨガ哲学の、基礎的密法《みっぽう》として、つとに尊重されている「クンバハカ密法」という特殊方法の名称は、これを邦訳すると「もっとも神聖なる状態」という価値ある意味になるので、しかもこの方法はヨガ哲学の践行《せんこう》者の間においては、それがたとえ親子、夫婦、兄弟姉妹の間柄であろうとも、文字どおり密法として厳粛に重視して決して**口伝**《くでん》、**書伝**《しょでん》、あるいは**行**《ぎょう》**伝**《でん》という一般普通の示教《しきょう》手段や伝授《でんじゅ》方法を採らず、ただこれを自力によって**悟入**《ごにゅう》しうる者のみに**相伝**《そうでん》するという、特定的相伝方法を今日にいたるまで、実に数千年来、いまなお**不変**《ふへん》**不渝**《ふゆ》、厳《げん》として実行しているということは、すでにヨガ哲学に関心を持つ者は何人《なんぴと》でも知悉《ちしつ》しているところであるが、一

口伝＝口頭で伝えること

書伝＝書によって伝えること

行伝＝行いによって伝えること

悟入＝真理を悟ること

相伝＝代々伝えつぐこと

不変不渝＝変わらないこと。「渝」も「かわる」の意

体この方法が、何の理由があって、かくのごとき極端な非現代的相伝方法をいささかも改易《かいえき》することなく、文化の今日においてもなお続行しているのかというに、それは、この密法の生命に及ぼす効果事実が、極めて超越した尊貴《そんき》なものであるがためにほかならない。

そもそもこの密法のもたらす対生命効果の尊貴なものとは、いかなるものなりやというに、これを要約すれば「人間の生命体に、宇宙に遍満《へんまん》存在している精気を、収受充満《しゅうじゅじゅうまん》せしめて、全体生命を霊体化《れいたいか》せしめる」というヨガ哲学が主張しているとおりの「事実」がそれなのである。

しこうして、ヨガ哲学者が、そもそも何の目的のために、この密法を行って人間の全体生命に精気を充満収受せしめて、霊体化という特殊生命を作ろうとするのかというに、その究極のポイントは、ヨガ哲学行修の最後の目的たる融通無《ゆうずうむ》碍《げ》の神通力《じんつうりき》的可能力を保有する「霊格者《れいかくしゃ》」とならしめんがためである。

改易＝あらためかえること・

遍満＝あまねく満ちること

融通無碍＝なにごとにもとらわれず対応できること

すなわち、霊格者となるのには、その先決問題として、何をおいても、人間の全体生命（精神生命と肉体生命の統合体）を、**超特的**《ちょうとくてき》な優秀なものに、改造せねばならない。

そして、この目的を如実《にょじつ》に達成せしむるには、**理入**《りにゅう》と**行入**《ぎょうにゅう》という二様の**行法**《ぎょうほう》を、完全に行 修《ぎょうしゅう》せねばならないと、ヨガの哲学は実践している。

しこうして理入行法《りにゅうぎょうほう》なるものは一般人の行う、智識修得《ちしきしゅうとく》の手段を行うと同様の方式を採用すると同時に、また一方において、無念無想の**入 定 行**《にゅうじょうぎょう》なるものを行って、人生に絡《から》まる宇宙真理を瞑想《めいそう》**自悟**《じご》することに努力する。

行 入 行法《ぎょうにゅうぎょうほう》なるものは、各種の手段と方法とをもって組み立てられているいわゆる難行苦行《なんぎょうくぎょう》なるものを行わしめる行法なのである。そして、この理入行入両様の行法は、共に相当高度の苦痛が精神や肉体に随伴《ずいはん》する。

そこで、まず践行《せんこう》せんとする者の生命に、この苦痛を克服《こくふく》制御《せいぎょ》しうる特殊の力＝絶対的の「強さ」のある力というもの

超特的＝特別にすぐれた

理入＝理論から入ること

行入＝実践面から入ること

行法＝修行の方法

入定行＝悟りに入るための行

自悟＝自ら悟る

を作る必要がある。

そして、その「強さ」のある力というものを、完全に作るのには、万物の**生々化育**《せいせいかいく》の現実を行う「**宇宙精気**《せいき》」を人類の全体生命に完全に収受し、その生命を霊体化し、すなわち霊体化するとは活力充実の生命体とすることで、そうなりえて初めてその目的を達成しうるのだと、ヨガ哲学の創祖《そうそ》たる聖パタンジャリー哲人が、霊感して創見したのが、このクンバハカ密法なのである。とヨガ哲学は宣言し、そして、この密法をヨガ哲学の最高秘法として、価値高く尊重礼賛《らいさん》しているのである。

いずれにしても、この密法の人類の全体生命に招来《しょうらい》する価値高い効果事実は、まったく筆舌《ひつぜつ》のよく尽くし能《あた》わぬ優越したものであるということは、これを日々の人生生活に実行しているわれら天風会員一同の均《ひと》しく認めるところであると確信する。

すなわち天風会が、この密法を生命改造の目的のために組

生々化育＝自然が万物を生じ育て宇宙を運行すること

宇宙精気＝万物創造の活力

織した統一道（心身統一法）の重要課目として採用している最大なる理由もまた、ヨガ哲学の主張する「全体生命を霊体化す」＝活力を充実せしめるという、この高貴《こうき》な点にあるのである。

というのは、このヨガ哲学の主張の中には、現代の自然法の科学的論理に照合して論定しても、毫《ごう》の差違を見出しえぬ絶対真理が、共通的に存在しているがゆえである。

参考のために、この密法に対するヨガ哲学の主張を、自然科学的に**演繹**《えんえき》してみることにする。

まず、ヨガ哲学中特に**ラジヤ**と**カルマ**の両哲学の主張している宇宙の真相観（世界観の言論）を叙述《じょじゅつ》することとする。

曰《いわ》く、この世にある万有万象《ばんゆうばんしょう》の一切《いっさい》は、すべて何もかも、いずれも皆「空《くう》」と名付ける「唯一つ」のものから作為されている。しこうして、この「空」なるものこそは、宇宙の全体の根本主体となっている「元霊《げんれい》」である、そしてこの「元霊」なるものには、一切の宇宙生命の活動（生々化育の真理

演繹＝説明し述べること
ラジヤ＝ヨガの種類、統御ヨガ
カルマ＝ヨガの種類、行動ヨガ

と現象）を行う「力」を生み出す「気」というものが保有されている。

この気を霊気と特称し、元霊を宇宙霊《うちゅうれい》または宇宙大霊《うちゅうたいれい》と名付ける。

しこうして、このヨガ哲学の宇宙の真相観は、自然法の科学の見地から論断《ろんだん》すると、これまた前に記述したとおり、まったく符節《ふせつ》を合わせたごとき同一の真理がその内容に存在している。すなわち、

自然法の科学の方でも、万物能造の宇宙エネルギーは、この空間と俗に人々から呼称せられているものの中に、遍満《へんまん》している「絶対に人類の発明した顕微鏡や、分光器では、何としても分別感覚することの不可能なルミエ・オブスキュール（見えざる光）であるところの超極微粒子《ちょうごくびりゅうし》」だと論定している。

しこうして、この「超極微粒子」を、今から半世紀以前にドイツの**プランク博士**が、これをプランク常数Hと名付け

プランク博士＝一八五八年生まれの理論物理学者

た。

そして、このプランク常数Hなるものこそ、ヨガ哲学者のいう宇宙霊なのである。

しこうして、ヨガ哲学のいう「霊気」と称せられるものは、このプランク常数Hの中に実在するエネルギー源泉のヴリル（神秘力または生命活力）であると断定してよいのである。

そして、人間の広義における生命力は、要約すれば、このヴリルの収受量に比例して、個体生命の中に自然発生をなすBioelektrizität（生物電気）の量ほどに、また比例するという精神科学的デフィニィション（定義）と、ヨガ哲学が、人間の生命力の強弱が霊気の収受量に相対比例《そうたいひれい》をもっていると論定《ろんてい》する信条とが、ただその表現に用いる言葉の相違だけで、その**真諦**《しんてい》はまったく同一であるということに気づくと、クンバハカ密法の実行によって生命生活力の全部が、絶対的に積極化するのが、哲学的に論定しても科学的に断論して

真諦＝大事なところ

も、少しも間違いのない真理で、同時に犯すべからざる事実だと、無条件に首肯《しゅこう》できると思う。

だから、天風会では、この密法を、生命活力収受に密接に関係する精神生命の確保に**第一義**的に必要とする**精神感応性《せいしんかんのうせい》能《のう》**の積極化を達成する第三条件たる**神経反射作用《しんけいはんしゃさよう》の調節法《ちょうせつほう》**として、心身統一法の践行《せんこう》課程の中に、特に現代人の日常生活の際に実行しやすいように行法《ぎょうほう》を簡易化したものを教示しているのである。

もちろん、以上のごとき論理的説明をほどこさずとも、この密法の実際効果は日常生活にこの密法を如実に実行している天風会員諸子が、その生命に明瞭に体験されている事実に**徴《ちょう》して**、何らの異議のない確信になっていると信念する。

が、ここに特に初心者に注意したいことは、この密法の方法形式は、自悟自得《じごじとく》では、けだし完全知得まことに容易ならずであるが、諸子は幸いにも極めて実行しやすい簡易化したものを明瞭に、講習会で口伝され、わずか数分間で会得《えとく》され

第一義＝もっとも根本的で大切なこと

精神感応性能＝心のもつ暗示を感受する性能

神経反射作用の調節法＝神経系統と心を安定させるクンバハカ法のこと

徴する＝見比べて考える

たというラッキーに恵まれたのであるから、ただこの後は、それを熱意ある実行で継続されればそれでよいのである。

が、注意したいというのはこの点なので、すなわち「熱意ある実行」ということは、いかなる場合にも、機会あるごとに……特に感覚や感情の刺激衝動《しげきしょうどう》を受感したとき……すかさず実行することなのであるが、いわゆる油断《ゆだん》をすると「尊さ」に狎《な》れやすく、ことに「労せずして得たるものは失いやすし」＝Lightly come, Lightly go＝のたとえのとおり、ともすると、最初の熱意が、いつとはなしに冷める怖れがあるのである。

すると、いわゆる修法の危機この点にあるので、よしや元《もと》の杢阿弥《もくあみ》にならぬまでも、今までのせっかくの努力も空しく、憐《あわ》れ「**九仞《きゅうじん》の功《こう》を一簣《いっき》に虧《か》く**」の愚にもつかぬ結果を招来することとなり、世にいう「宝の持ちぐされ」と同様な、笑えぬ滑稽《こっけい》をあえてなすこととなる。

要は、**不断《ふだん》**の努力、ただ一つこれである。

九仞の功を一簣に虧く＝最後に油断すると失敗するとのたとえ

不断＝絶え間ないこと

そして、不断の努力に不可欠の条件は、いかなる場合にも、実行の際は真剣《しんけん》な心構えを欠如《けつじょ》することなかれなのである。

さすれば、そう長い期間をまたずして、この密法が、いつ何時でもあえて意識的の努力を行うことなしに、極めて自然的にこの密法が自己の生命のものになっているという、いわゆる「**真徹底**《しんてってい》」の醍醐味《だいごみ》を満喫《まんきつ》しうるようになる。

しかもそれは必然の事実なのである。

そしてなかんずく、その徹底を早めるチャンスは、前掲の箴言章句《しんげんしょうく》に記述してあるとおり、なんとしても、怒り、悲しみ、怖れというような感情を、精神的努力で、適当に抑制《よくせい》することのできないようなときに（初心の間には、往々《おうおう》そうしたときが、人生にしばしばあると思う）、そういうときこそ、この密法の徹底を急速に促進《そくしん》する効果が、必然的に存在しているのであるから、「このくらいのことで、生命活力を消耗《しょうもう》したり、減損《げんそん》するような消極的感情のとりこになるもの

真徹底＝徹底的に真実をつかみつくすこと

か！」とか、あるいは「自分は自分の命の宮殿（心）の神聖さを自分自身で護《まも》るのだ！」と、真剣な気分で、この密法をくり返しくり返し何回でもその消極的感情に打《う》ち克《か》ちえるまで実行することである。

否、こういう場合には、飛び離れた愚者《ぐしゃ》でない限りは、期せずして容易に真剣になりうるからである。

多くいうまでもなく、生命改造という尊貴《そんき》なる人生事業の徹底は、How to do?（いかに行うか）を徹底的に実行するのみである。

しかも、徹底的実行には、くり返していう、いつもかわらざるの真剣という心構えが不可欠の条件だということを絶対に忘るるなかれ！　である。

そして常住、

為せば成り為さねば成らぬものなるを
成らぬはおのが為さぬためなり

という訓《おし》えの歌を、心に銘記《めいき》すべしである。

しょせんは、諸子の人生幸福のためなのであるから、さらに心を新たにして、この密法を、祖国を遠く離れてただ一人、ヒマラヤの原始林の中に幾年かの孤独の**打坐**《だざ》を続行し、来る日来る日を人生真理の探究と取り組む**凝念**《ぎょうねん》に過ごして、ようやくに自悟自得《じごじとく》しえたのだという、天風同様の厳《おごそ》かな心境になって、あらためて真剣な実行に、正念《しょうねん》を発揮されたいことを、ひろく統一道によって、明るい、住みよい幸福の社会を作るために、衷心《ちゅうしん》より熱奨《ねっしょう》する次第である。

終わりに、**惰心**《だしん》と**迷妄鞭撻**《めいもうべんたつ》のために、古代中国の**儒聖**《じゅせい》が、行道はただなすにあるのみと喝破《かっぱ》した語句を左に添付する。

弗為胡成（為さざれば、何ぞ成らん）

打坐＝座禅

凝念＝思いをこらすこと

惰心＝なまけごころ

迷妄鞭撻＝心の迷いをいましめ励ますこと

儒聖＝儒学に傑出した人

箴言八

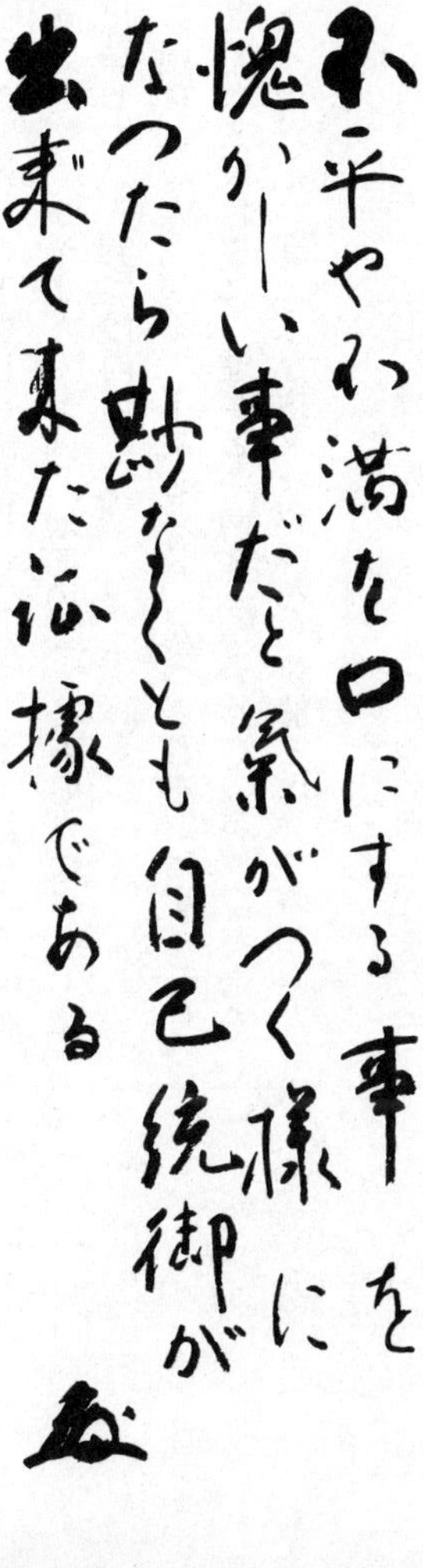
不平や不満を口にする事を
愧かしい事だと気がつく様に
なつたら尠なくとも自己統御が
出来て来た証拠である

不平や不満を口にする事を愧《はず》かしい事だと気がつく様になつたら　尠《すく》なくとも自己統御が出来て来た証拠である

いったい、多くの人々の常識の中には、不平不満をいうということは、人生少しも愧《はず》かしいことでなく、むしろ、当然のことで、かつまた、人間共通的のことであるかのごとくに思考している実際傾向がある。

中には、人間が不平不満を感じ、かつこれを口にするからこそ、人間世界に、進歩とか向上とかいうものが、現実化されるのだというような極端な誤解を、誤解と思っていない人すらある。

これは、ちょうど、疑《うたが》うからこそ、正邪《せいじゃ》の区別や、または普通の場合、何としても理解することのできない真理のごときも、発見できるのだという考え方と同様の誤解である。

というのは、不平や不満を口にする悪習慣は、人にいたずらに煩悶《はんもん》や苦悩を心に多く感ぜしめるだけで、それ以上、人生に、価値ある収穫《しゅうかく》を招来しないということに想到《そうとう》すると、それが誤解の証拠であると必ず考えられるからである。

そして、不平不満の帰結するところは、知《し》らず識《し》らずの間に完全な自己統御《とうぎょ》ができなくなるという遺憾《いかん》なことになる。

多くいうまでもなく、人間が、この複雑多端《たたん》な人生に活き行くとき、万一、自己統御が完全にできないとしたら、それはあたかも船の操縦法を知らずして、荒海に乗り出したのと同様で、幸福とか成功とかまたは繁栄とか健康などという、人間の当然獲得できうることは、断じてこれを自己のものにすること能《あた》わずで、しょせんは、人生の荒海の憐《あわ》れな漂流者で、その一生をあえなく終わるべく余儀《よぎ》なくされるだけである。

現に、そういう人が、あえて広い世間を見なくとも、少しく注意すると存外諸君の周囲に相当多くおりはしませんか。学識もあり、地位もあり、また富の力も相当ありながら、いつも幸福を感ずるときよりも不幸のほうをよけい感じて活き

多端＝忙しいこと

ているという人が。これは、畢竟《ひっきょう》、理想的人生の建設に何よりも肝心《かんじん》な自己統御ということが完全にできずにいるからの結果なのである。

もっとわかりやすくいえば、そういう人は、人生のできごと、すなわち、健康や運命的のことがらはもちろん、ささいな日常の人生世事にも、常に絶え間なく脅《おびや》かされ通しで、そのさま宛然《えんぜん》前述したとおり、船を操縦することを知らぬ人間が、わずかな風波にも色を失って、慌《あわ》てておののくと同様に、人生を本当に安心して活きていない。

しかも、その根本原因はといえば、平素の心の持ち方＝精神生命の対人生態度が、積極的でないからである。そして、精神生命の対人生態度が、積極的でありえないのは、いつも講習会で説述《せつじゅつ》しているとおり、潜在意識領《せんざいいしきりょう》の革清《かくせい》が完全でないために、その観念要素《かんねんようそ》が、消極的のもので充満しているからに因由《いんゆ》する。

しこうして、われわれ心身統一法の践行《せんこう》に志す者の特に注

畢竟＝つまるところ

宛然＝そっくりそのまま、まるで

革清＝浄化

観念要素＝心の働きの重要な素材

意すべき問題は、いかに観念要素の更改《こうかい》を現実化すべく、会《え》得《とく》した方法だけを熱心に実行していても、平素日常生活を行う際に、やたらと不平不満を口にしていると、捨てるそばからすぐ拾うと同様で、文字どおり**九仞《きゆうじん》の功《こう》を一簣《いつき》に虧《か》く**憾《うら》みを作為することになる。

ところが、観念要素の更改が徹底できれば、もちろん不平不満というがごとき価値のない消極的の言動は、決して口にもせず行いもせずというようになるが、初心の間は（年限にあらず、実行会得の程度を標準とする）なにしろ永い間に、知らず識らずの間に心に焼け付くように付着している悪習慣がともすると、心の中にあらわれて来るものなのである。

すると、何事に対しても、感謝の念を感じないで、やたらと、**柄《え》のないところへ無理に柄をつけて**、不平不満のほうを盛《さか》んに言動して、しかもなかなか気づかない。

これでは、普通の場合、普通の人が容易に知《ち》得《とく》することのできない宇宙真理を耳にしても、結局は、その効果実績は、

九仞の功を一簣に虧く
＝最後に油断すると失敗するとのたとえ

柄のないところへ……
＝無理に理屈をつける

中途半端にならざるをえない。

　だから、要約すれば、冒頭に書いた箴言《しんげん》のとおりに、不平や不満が、口から万一出たら、それを、従来のごとく、身勝手、身びいきで共鳴的に考えないで、直《ただ》ちに、それを愧《はず》かしいことだと、強く反省するという習慣を作ることである。

　まことにこの心がけこそは、かりそめにも、階級の高い自覚を基礎として、恒に真理に則した、尊貴な人生に生きようとする、われら天風会員の誇《ほこ》りを**矜持**《きょうじ》する気高《けだか》い人生行《ぎょう》であると、断固として考定し、実践《じっせん》されるべきである。

　否、理想的人生の完成ということは、こうした**機微**《きび》の点に処するに、いつも正当であることから発祥《はっしょう》するのであるということを、あえて強調してこの稿を了《お》わる。

矜持＝つつしんでもつこと
機微＝微細な要点

箴言九

真理を践行するものは猥りに他人の批評を為す勿れである否その閑があるならば自分自身を厳正に批判するがよい

真理を践行するものは猥《みだ》りに他人の批評を為す勿《なか》れである　否その閑《ひま》があるならば自分自身を厳正に批判するがよい

この箴言《しんげん》の真意は、要約すれば、自己省察をよりいっそう慎重に現実にして、自己向上を**期成**するに必要な、いわゆる人生に対処する「心がけ」を理想的になそうがためである。

多くいうまでもなく、われら天風会員は、いやしくも世界的ユニークとの定評ある特殊の組織を、その体系とする「心身統一法」に対し、終始情熱ある実行者であるべきである。

しこうして「心身統一法」なるものは、宇宙真理を**践行**《せんこう》して、生命の生存と生活とを確保することを、不可犯《ふかはん》の鉄則とする厳格《げんかく》なる一存在である。

である以上、何をおいても、恒に自己の生命と人生とを、自己自身において敢然《かんぜん》としてこれを擁護《ようご》することに、最善の努力を尽くすということもまた当然である。

そしてそれを現実化するには、いかなる場合といえども、

期成＝物事の成就を目標とすること

践行＝実際に行うこと

自己の「心の強さ」を、尊さと正しさと清らかさとで、確実に堅持せねばならない。

そしてまたさらに、それをいっそう正確のものにするのには、自己の「心」を**毫末**《ごうまつ》も汚さないことが、その先決的の**要**《よう》**訣**《けつ》である。

いいかえれば、常に自己の「心」のあり方を、かりにも**等**《とう》**閑**《かん》**に付**《ふ》**せぬ**よう、厳しく有意注意力を注いで、これを監視《かんし》することを**忽諸**《こつしょ》にしてはならない。

ところが、みだりに他人を批判するという悪い習性を、少しも気づかずして、適当にこれを是正《ぜせい》しないと、これに相《あい》呼応して、自己の心のあり方に対する注意が、知《し》らず識《し》らずに疎《おろそ》かになり、結局は、生命確保の根本義《こんぽんぎ》をなす「心」の態度が、勢い消極的に堕《だ》するという価値のない事実を招来することとなる。

ことわざに「人のふり見てわがふりなおせ」というのがあるが、他人の言葉や行為をやたらに批判する人というもの

毫末＝ほんの少し
要訣＝肝心な秘訣
等閑に付す＝いいかげんにしておく
忽諸＝おろそか

は、人のふりにわがふりを正しく照合して、わがふりを是正しようとはしないで、ただあしざまにそれを批判するだけなのであるから、したがってその批判から少しの価値あるものも、わが心に感得《かんとく》しない。

せんじつめると、みだりに他人を批判することを本位として、いささかも自己省察《しょうさつ》を施《ほどこ》さないがために、人生に何よりも大切な自己自身の統御《とうぎょ》ということに、少しの進歩も向上も**顕現**《けんげん》しないのである。

しかし、これでは何のために、真理を知得したかが、およそ無意味なことになる。

要は、他人のアラや欠点を詮索《せんさく》することを止《や》めて、自分のアラや欠点のほうも厳しく詮索することである。

禅家《ぜんけ》の訓《おし》えにも、**ときどき払拭**《ふっしょく》**して塵埃**《じんあい》**を止まらしむるなかれ**、というのがある。

われら統一道の践行《せんこう》にいそしむ者は、すべからくこの訓えに則した心がけを入念にして、価値高く活きることに専念す

顕現＝はっきり現れる

ときどき払拭して……＝心に対する処置をいう

塵埃＝ちりやほこり

べしである。

他人のことはすぐわかるが、自分のことはなかなかそう容易にはわかりがたいものだなどというのは、それは凡人の言いぐさである。

真に自己省察なるものが、人生向上へのもっとも高貴なことであると自覚している者は、この言葉を断然排斥《はいせき》して、他人のことに干渉《かんしょう》する批判という無用を行わずに、常に自己を自己自身厳格に批判して、ひたむきに自己の是正《ぜせい》に努力することを、自己の人生に対する責務《せきむ》の一つだと思量《しりょう》すべしであるとあえていう。

箴言十

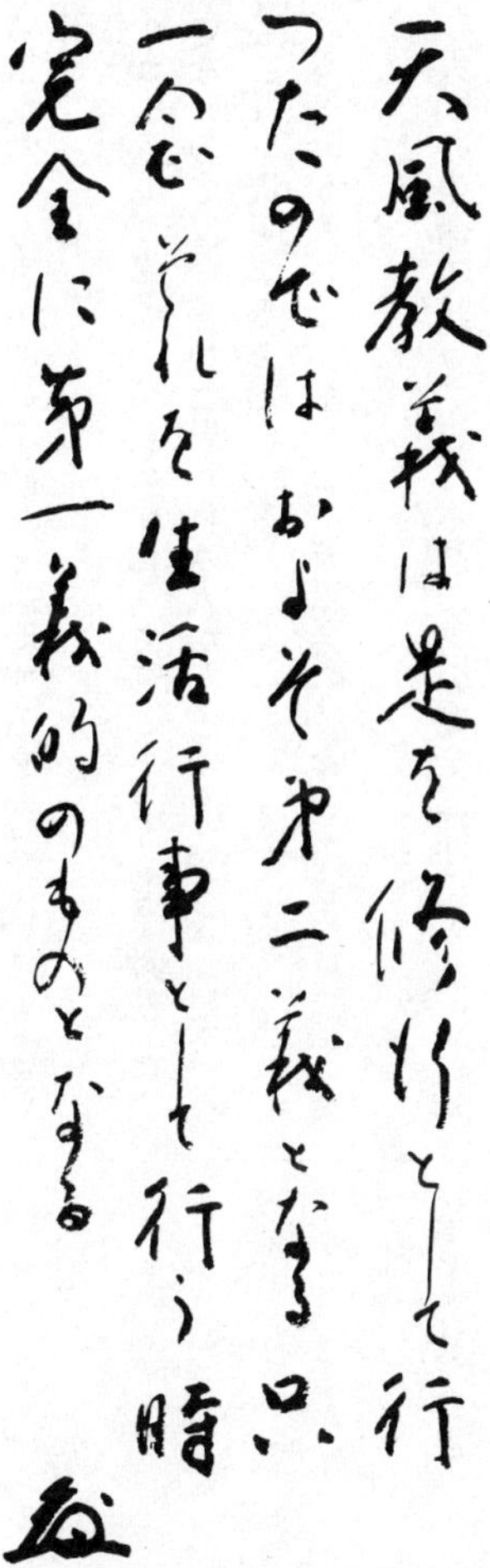

天風教義は是を修行として行つたのではおよそ第二義となる　只一念それを生活行事として行う時完全に第一義的のものとなる

このことがらは、心身統一法の講習会を入念に聴かれている人なら、今さら改めて詳しく説明する必要はないことと思う。

がしかし、多くの会員の中に、このことを正しく理解していないのではないかと思われる人があるゆえに、ここに今一応これを釈明することとする。

多くいうまでもなく、わが天風会の教義とする心身統一法なるものは、

「人間の生命に賦与《ふよ》された**本然**《ほんぜん》の力の完全発揮」

ということが、その組織の全目的である。

したがって、口伝《くでん》および書伝《しょでん》ならびに行伝《ぎょうでん》という各種の方法をもって親しく**垂迹**《すいじゃく》する各種の方法は、そのいずれもが人間の本然の生命力たる、すなわち、体力、胆力《たんりょく》、判断力、断

本然＝自然のまま

垂迹＝真の教えを下されること

行力、精力、能力という六種に総合されたる力、詳《くわ》しくいえば理想的人生（活きがいと生まれがいのある人生）を作為するのに絶対的に必要とする各種の力を完全に発揮せしめるために、かくいう天風が、長年にわたり、文字どおり研鑽《けんさん》努力して創見組織《そうけんそしき》せる現実的効果に対する信念の結晶とその**網羅**《もうら》なのである。

そして特に、声を大にして強調せねばならぬことは、その方法のことごとくが……精神生命に関することでも、かつまた肉体生命に関することでも……いずれもそのすべてを日常生活を行いながら、行い得るように組み立ててある点がその特徴の最たるところなのである。

換言すれば、心身統一法＝日常生命道というように作為されているのである。

否、この点に**斯法組織**《しほう》の、人知れぬ苦心が、存在していると言明したいのである。

ところが、数多くの会員の中には、いわゆる親の心子知ら

網羅＝残りなく集めること

斯法《しほう》組織＝心身統一法のこと

ずのたとえのとおり、この点を正しく理解せずして、心身統一法という教義を、日常生活行事と引き離して、何か特別のときに特別の気持ちで行う、特殊行事のごとくに思惟《しい》している人がある。

もちろん、そういう人は、極めて稀《まれ》ではあるが、修練会を履修《りしゅう》した人の中に、その種の人が、終戦前一人いたのに、少なからず遺憾《いかん》以上の啞然《あぜん》たるものを感じたことがある。

それを簡単にここに抜記《ばっき》することとするが、あるときある会員に、

「君は**プラナヤマ法**を充分実行していないようだね？」

といったら、その人が、

「どうしてそれがおわかりです？」

と怪訝《けげん》気にいうから、

「君の眼でわかる」

というと、

「眼でわかりますか」

プラナヤマ法＝活力を吸収する方法

というから、

「肉体生命内に、活力（ヴリル）の充実しているといないのとは、眼を見るとすぐわかる、つまり**オーラ**の発光が薄弱な結果現象なのだ」

というと、その人は、頭を掻《か》き掻《か》き、

「なにしろ、商売が忙しいので、なかなか心がけてはいるんですが、ゆっくり修行する時間がありませんので……」

さもさもやむを得ないという顔つきでいったので、

「天風会の教義の中で特別の時間がないと、心がけても行うことのできない方法が、何か一つでもあるのかね？　特にプラナヤマ法のごときは、何をしているときでも、行えるではないか、歩いていても、座っていても、話をしていても、仕事をしていても……」

というと、不思議そうな顔をして、

「そんなときに行ってもいいんですか」

というから、

オーラ＝人体から出る霊的な放射体

「人間はどんなときでも、活きているあいだは呼吸をしているではないか、呼吸をしている以上、その呼吸の仕方を**クンバハカ**を応用するプラナヤマ法にして活力を吸収することくらい、何の手間ひまもいらず、一日に何百回でも行えるではないか」

というと、

「そうだとするとなかなか面倒なものですね」

と、しゃあしゃあとしていうから、

「そんな考え方ではどんな効果ある方法を教えられても、君には何の実績も得られないことになる、第一人生改造に必要とする方法を面倒だなぞというのは、真理をないがしろにした極めて不遜《ふそん》な言葉だ。

畢竟《ひっきょう》、面倒などというのは、真理に順応《じゅんのう》した活き方をしなければ生まれがいのある、そして活きがいのある、すなわち人生の三大不幸という、病、煩悶《はんもん》、貧乏というものを克服する理想的人生に活きられないのだという、高貴な人生理念

クンバハカ＝天風会で教える特殊な体勢

畢竟＝つまるところ

を、正しく自覚していないからなのだ。いいかえれば、せっかく教えられ会得《えとく》した万人未知の貴重の方法を面倒というような気持ちで実行しないのは、自ら物好きに、不幸な人生を招《まね》いているのと同然である。

遠慮なくいえば、そんなのは、天風会員としての資格を冒《ぼう》瀆《とく》している人だといわねばならない。だから、いつまでも君は、完全に活力を充実せしめえずにいるんだ、第一そんな気持ちではせっかく会員になったかいがない。だから一つ了見《りようけん》を入れ替えて、心身統一法＝日常生命道というように、極言すれば、寸刻分秒《すんこくふんびよう》の間といえども、すべての方法（心の活かし方または使い方、および肉体の活かし方、使い方等々）を真剣に実行することに専念努力しなさい。さすれば、わずかの時日の間に、自分で驚くほどの現実の価値高い変化を、精神にも肉体にも、必然《ひつぜん》見出すから」

と懇々《こんこん》と訓戒《くんかい》してやったところ、黙々《もくもく》として聞いていましたが……その後半年ばかりの後に会ったときは、まったく見違えるような人間になっていて……あのとき先生に訓《おし》えられて一生懸命実行して、御覧の通り健康もさらに運命までも、今まで想像もしなかったほど、幸福になりましたと、眼に涙をいっぱいためて礼をいいましたが、これは要するに、最初の間は心身統一法を、特殊の人生修行と考えて行修《ぎょうしゅう》していたからなので、したがって、どうしても、その効果が充分に味わえなかった。ところが、今度はそれを日常の生命道として、人生の刹那《せつな》刹那《せつな》に専念実行したから、当然、第一義的の行修となったゆえに、その効果も、必然の現象として本然《ほんぜん》の生命力の完全発揮《はっき》となったのである。

だから、諸君もこういう事実を、貴重なる殷鑑《いんかん》として、この上とも瞬間といえども「われ在り」との人生意識を感じた際は、どんな場合にも日常生命行事の中から心身統一の各法を、決して分離させないで、ただただ実行すべしである。

すなわち、かくして初めて、哲聖陶淵明《とうえんめい》のいいしごとく、

心与道合触而不動　心此地到始得安楽　罪垢滅尽無復煩

第一義＝根本的で大切なこと

殷鑑＝いましめとすべきこと。もと、「殷鑑遠からず」から

陶淵明＝四～五世紀に活躍した詩人。『桃花源記』など

悩

「心道《しんどう》とともに合触《ごうゆう》して動かず、心此《この》境地に到り始めて安楽《あんらく》を得、罪垢《ざいく》滅尽《めつじん》してまた煩悩《ぼんのう》なし」

という、**真乎大定**《しんこだいじょう》の人生を、現実にわがものにするを得て、わが徒の提唱《ていしょう》する人生目標たる、強さと、深さと、広さと、長さを、真に現実になし得る幸福な生きがいのある人間になり得るのである。

否、これぞ正に、万物の霊長たるわれら人類の生命に、生まれながら賦与《ふよ》されたる不滅不変の宇宙真理なりと、厳《おごそ》かに信念すべしである。

罪垢＝つみ、けがれ
真乎大定＝真に安定した

箴言十一

他人の言行を常に心の鏡として他人に對處するならそれで立派な交人態度が決定される

他人の言行を常に心の鏡として他人に対処するなら
それで立派な交人態度が決定される

予が創見《そうけん》組織せる心身統一法の正科講習会の、精神生命を積極的に活かす要諦《ようてい》の中に、**積極観念《せっきょくかんねん》の養成**ということが、五項目に分類されて、毎回必ず力説されていることは、会員諸子の知悉《ちしつ》されているところであるが、その第三番目に交人《こうじん》態度《たいど》という名称の下に、他人に対処する場合の必須《ひっす》条件をも説いている。

すなわち「いかなる場合にも、他人の心を消極的にするがごとき言行は、絶対になすべきでない……特に病に犯《おか》されている人や、運命に悩まされている人は、よほど修養《しゅうよう》のできている人でない限り、おおむねはその心が極度に消極的になっているのが普通の傾向であるから、その種の人々には、一段とその心を積極化するための努力を、真実の人類愛をもって働きかけてやらねばならない。

積極観念の養成＝消極的になりがちな実在意識を積極化すること

そしてこの目的を達成するためには、特にその人々の心に、その病や運命を克服《こくふく》するような勇気をつけてやることである……」と。

そして、病や運命を克服するような勇気を心につけてやる最良な手段は「何をおいても、自己の言行をどんな場合にも鼓舞《こぶ》的《てき》で、奨励的《しょうれいてき》であるよう心がけねばならない」ということも、特に入念に説述《せつじゅつ》しているゆえに、諸子の記憶の中に、明瞭に確保されていることと信ずるが、事実に**徴《ちょう》して**みると、人生真理というものに無関心な人というものは、案外こうした見やすいことがらに正しい自覚を持っていない。

したがって、健康的にも、また運命的にも、格別《かくべつ》たいした支障のない場合にも、とかくその心が消極的傾向で生活しているがために、**一朝《いっちょう》**健康や運命に、少しでも良くない事実が発生すると、何をおいても、まず心を極度に消極的にして、一切に対して神経過敏《しんけいかびん》的の心でこれに対応する、そしてそうあることが人間としての当然の、間違っていない、むしろ反

鼓舞＝奮い立たせること

徴する＝見比べて考える

一朝＝ひとたび

対にそれがもっとも正しい態度のようにさえ考えるという、まことに憫然《びんぜん》たるミステーク（あやまち）を少しもそうと覚《さと》っていない。そして、なんと、それが現代の人の世の中の、実際のありさまであるといってよい実状なのである。

それは、あえて殷鑑《いんかん》これを遠きに求むるにおよばずで、日々諸子が近々と相接《あいせつ》するであろうところの人々の言行を、仔細《しさい》に看察し、注意深く検討してみれば、這般《しやはん》の消息はただちに分明する。

要するに、「他人の言行を、常に、心の鏡とする」ということは、上述せしごとく、他人の言行を、仔細に注意深く看察して、それが果たして積極かかつまた消極であるかを検討することなのである。

しこうして、この心がけを不断《ふだん》に実行に移して行くと、やがて早晩《そうばん》、あえて非常な努力をなす必要もなく、交人態度に対する所期《しよき》の目的である病や運命を克服《こくふく》するような勇気を、他人に現実につけてやり得るがごとき、鼓舞的《こぶてき》な奨励的《しようれいてき》な言

憫然＝あわれなさま

殷鑑＝いましめとすべきこと

這般＝これら

不断＝絶え間なく

所期＝こういうことになろうと期待すること

行を、自己自身が容易になし得るようになるのである。

これは、何も不思議なことなのではなく、心理学上でいうところの、**挙証反省法**《きよしようはんせいほう》というオートサゼッション（自己暗示）に属する一方法の然《しか》らしめる当然の結果であるからである。

いずれにしても、真人たらんには、すべからく他人に対処する際の言行が常に積極的であらねばならないのは多言《たげん》をまたぬところで、しかも、叙上《じよじよう》のごとき心得を実行して、容易にその目的を達成しうるということに想到《そうとう》せば、大いにその実行に専念して、理想どおりの立派な交人態度の決定を現実化すべきである。

たちむかふ　人のこころは　鏡なり
おのが心を　うつしてや見ん

挙証反省法＝証拠をあげて反省していく方法

箴言十二

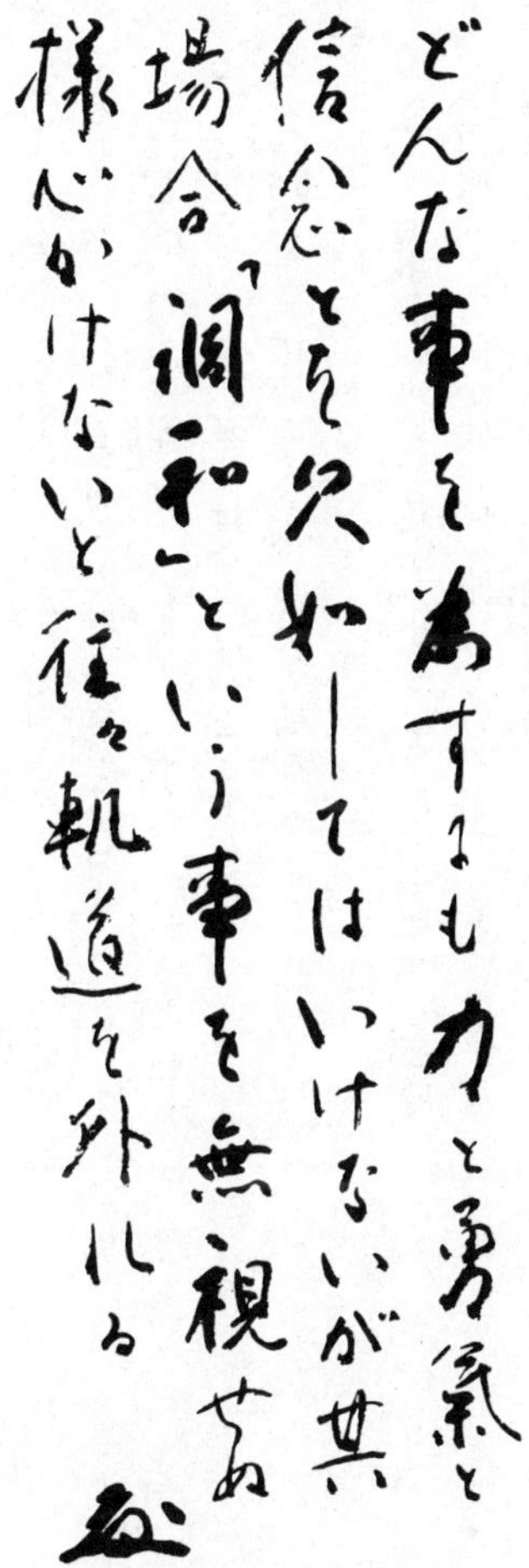
どんな事を為すにも力と勇氣と
信念とを欠如してはいけないが其
場合「調和」という事を無視せぬ
様心かけないと往々軌道を外れる

どんな事を為すにも力と勇気と信念とを欠如してはいけないが其場合「調和」という事を無視せぬ様心かけないと往々軌道を外れる

およそ、人生に生ずる人事世事のいっさいに応接する際、その何よりも肝要《かんよう》なことは、わが心に力と勇気と信念を欠如《けつじょ》すると、いっさいのことがらに対する完全処理ということが、しばしば不可能に陥《おちい》るか、もしくは不全に終わる怖《おそ》れがある、ということを忘れてはならないことである。ところが、たいていの人が、この大切なことを、正しく自覚していない傾向がある。

そして、何事かの処理や統御《とうぎょ》が思うように完全にできないと、その原因が、何か他面に存在しているかのごとく考察して、おおむね多くの場合、その**因由関係**《いんゆ》が自分の心構え＝心的態度の中にあるのだということを正当に認識しない。

およそこの世にありとあらゆる事物の中に、原因のないものは絶対に、一つとしてありえないのである。

因由関係＝因果関係

要約すれば、いっさいの結果現象というものは、原因というものの集積《しゆうせき》にほかならない。

現にアインシュタイン氏の相対性原理説の中にも、原因と結果とは、構成に対する相対性連繫《れんけい》であると説いている。

実際！　このことの絶対真理であるということは、自分の言葉や行動や仕事などの結果に、何か意に満たぬものがあるとき、それを仔細に検討すると、必ずや「力」か「勇気」か、もしくは「信念」が欠如していたがためだという、原因的事実がある。これは少しく注意すると、ただちに合点《がてん》することと思う。

さすれば、何人《なんぴと》といえども、何事をなす場合にも、力と勇気と信念の三者を一体とした心構えが、そのことの成果を現実化するに、何より必要な根本要素だと無条件に自覚するに違いない。

がしかし、特におごそかな付帯《ふたい》条件として、おろそかにすべからざることは、たとえ力と勇気と信念とをもって事物に応衝《おうしょう》するといえども、その場合調和という大切なことを無視するということは、断然許されないということである。

というのは、調和ということを無視した言動は、当然完全な成果を具顕《ぐけん》し能《あた》わないからである。

これは「不完全の中に調和が絶対にありえない」という宇宙真理があるがためで、したがって調和を度外視《どがいし》した言動は、結局は、現実構成の軌道《きどう》から脱線《だっせん》すべき必然性を生み出すか、または招来するからである。

これはよく世間に実例のあることで、多くの人の中には、何かの目的の成就《じょうじゅ》に向かって、力も、勇気も、信念も、充分にその心構えの中に申し分のないほどあるのに、一向によい成果を実現しえないという人がある。

そうして、そういう人に限り、調和という大切な条件を無視して、ただがむしゃら一途《いちず》に、自己の存在のみをそのすべてとする無軌道的《むきどうてき》努力をあえてなすのである。

要するにこうした人は、畢竟《ひっきょう》自己存在をのみ重く考えて、

応衝＝あたる

畢竟＝つまるところ

自己以外にも人がいるのだという大切なことを重大に考えない結果、知《し》らず識《し》らずの間に、調和を無視してしまうがためである。

するとその当然の帰結《きけつ》として、事物の現実構成が、努力に相対的に順応してこないことになる。

まことに、叙上《じょじょう》の真理と事実とを厳粛《げんしゅく》に考察するとき、かりそめにも、われら、真理に即応する人生に正しく活きんとする者は、いかなる場合にも、調和を無視した人生に、たとえ**須臾《しゆゆ》の間**といえども、活きるべきでないと正しく自覚し、かつ実践すべきである。

○天風訓言

調和は、相対事物《そうたいじぶつ》の中にこれを求めるべきでなく、要は、自ら進んで作為すべきものである。

須臾の間＝しばしの間

箴言十三

活きる事の努力のみに追はれて
生活の中の情味というものを味はは
ないと人生はどんな場合にも真の
活きかいというものを感じない

活きる事の努力のみに追はれて生活の中の情味という
ものを味《あじわ》はないと人生はどんな場合にも真の活きかい
というものを感じない

私は、いつも思う。

世の中の人の多くは、なぜもっと生活の中の情味《じょうみ》というものを味わって活きようとしないのかと。

というのは、世の中の人々の生活への姿を見ると、たのもしい積極的な生活をしている人が事実において極めて少なく、おおむね多くは、消極的な、勢いのない力弱い生活に終始している人が多いからである。

これというのも、せんじつめれば、生活の中の情味というものを味わって活きようとしないからで、生活の中の情味というものを味わって活きようとしないと、その結果は、ただ悲しいとか、苦しいとか、腹が立つとか、辛《つら》いとか、等々の人生の消極的方面にのみ、その心が引きつけられて、いささかも大きい楽しさを感じないで、ただ活きんがための努力の

情味＝しみじみと心にしみるような味わい

みに、二度と現実に還《かえ》り来《き》たらぬ日々を、極めて価値なく過ごしてしまわねばならないという無意味な人生を終始させることになる。

だから、率直にいえば、そういう人は、人間は、ただ活きんがために働かねばならないのだ、というふうに「働く」ということの価値批判を**第二義**に堕《だ》せしめて、働くということが人間の本来の**面目**《めんぼく》で、いいかえれば活きんがために働くのではなく、働くために活きているのだという正しい**第一義**的の考え方を、働きに対して持っていない。

だから、その当然の結果として、その働きに対する報償《ほうしよう》に、多くの場合満足感を感じない……、いいかえると、働きの結果が、自分の思うように現れないと、ただちに不平や不満や、あるいは、時とすると自暴自棄《じぼうじき》にさえおちいる、またそこまでならないでも、活きる楽しさを感じない力弱い人生に活きるべく余儀《よぎ》なくされる。

だから、真に活きがいのある人生に活きようには、何とし

第二義＝根本の意義ではないこと

面目＝ありよう、すがた

第一義＝根本的で大切なこと

ても、われわれは、自分の人生生活の中の情味というものを味わうということを心がけるべきである。否、厳格《げんかく》にいえば、この心がけを欠如《けつじょ》した人の人生は、いかに地位ができようと、また仮に富を作り得たとしても、しょせんは、無意義で、空虚《くうきょ》で、荒蓼《こうりょう》たるものになる。

多くの人の特にいけないことは、生活の中の情味ということを、物質方面にのみ求めることである。生活の中の情味というものを味わうというのは、心の問題なので、物質の問題ではないのである。

いかに豊かな収入を持ち、満ち足りた物質を獲《え》ても、心が、その生活の中の情味を味わいえなければ、あるも無きに等しい。

世俗にいうところの、金持ち貧乏とか、位倒《くらいだお》れとかいう言葉は、こういう事実の形容詞なのである。

これは、深く考えなくとも、良識のある人ならすぐ理解できるはずである。

荒蓼＝あれはててものさびしいさま

たとえば、客観的に、どんなに恵まれているように見えている人でも、その人が、その現在境遇に飽《あ》きたらぬ、満足感を感じていないならばどうであろう？

これに引きかえて、仮に客観的には恵まれていない、不幸な人に見える人といえども、一日の仕事を了《お》えて、たとえ乏《とぼ》しい食事でその空腹を満たすときでも、それが自分の尊い労《ろう》役《えき》の花であり、心身を働かした努力の稔《みの》りであると、無限の感謝で考えたならどうであろう？

金殿玉楼《きんでんぎょくろう》の中にあって暖衣飽食《だんいほうしょく》、なおかつ何らの感謝も感激もなく、ただあるものは不平と不満だけという憐《あわ》れな人生に比較して、まことや、人生のいっさいを感謝に振り替え、感激に置き換えて活きられるならば、**截然**《せつぜん》としてそこにあるものは、高貴な価値の尊い人生ではないでしょうか！

否、こうした心がけの現実実行こそ、活きる刹那《せつな》刹那《せつな》に、なんとも形容のできない微妙《びみょう》な感興《かんきょう》おのずから心の中に生じ来たり、どんなときにも生活の情味というものが当然味わわ

金殿玉楼＝美しく豪華な御殿

截然＝区別がはっきりとしているさま

れることになる。

だから厳格にいえば、生活の情味を味わわずして活きている人には、本当の人生生活はないといえる。

もっと極言《きょくげん》すれば、人間の幸《さいわ》いとか、不幸とかというものは、結果からいえば、生活の情味を味わって活きるか否かに所因《しょいん》するといえる。前にもいったとおり、貴賤貧富《きせんひんぷ》などというものは第二義的のものである。実際いかに唸《うな》るほど金があっても、高い地位名誉があっても、生活の中の情味を味わおうとしない人は、いわゆる本当の幸福を味わうことは絶対にできない。

もっとも、こういうと中には、現代のようなせちがらい世の中、いささかも面白味《おもしろみ》を感じることの少ない時代に、生活の中から情味を見出せよなどということは、ずいぶん無理な注文だと思う人があるかもしれない。

しかし、そういう人は、遠慮なくいえば、人生生活を看《み》る見方が、あまりにも狭義《きょうぎ》でかつまた強《し》いていえば平面的であ

要は、心の力を強めることである。

さすれば、吾人《ごじん》の命の活きる範囲は多々《たた》益々《ますます》拡大され、内容もいよいよ豊かに、そして自然と幸福も分量多く感得《かんとく》されるる。

畢竟《ひっきょう》は、これまた常に折あるごとに説述《せつじゅつ》しているとおり、人生はSein《ザイン》（存在）ではいけない、Werden《エルデン》（生成）であらねばならないというのもこの理由なのである。すなわち人生に対する心構えはto be（在る）ではいけないto grow（成る）でなければならぬということなのである。わかりやすくいえば、人生というものは、ただ単なる「存在」として活きるのでなく、恒に「生成」を心がけるべきである。

もっと**演繹**《えんえき》すれば、人間は人間の心意《しんい》でもって、人生をいかに正しく作為すべきかということを考慮《こうりょ》すべきである。そして初めて人間の本来の使命に順応することになる。

それは何をおいても、現世にまず正しく活きるために、どんな人生事情をも、楽しみに振り替えて常にエルデン（生

畢竟＝つまるところ

演繹＝ここでは、さらに詳しく説明すると、の意

成）の中に巻き収めて活きよ、である。

かくして初めて人間の生命の価値が感得され、同時に、それが本当の人生に対する正当な自覚であり、また尊い責務《せきむ》だと信ずる。

箴言十四

自己の言行に飽くまで責任を負う覚悟のない人はかりそめにも天風会員としての誇りを自から冒涜するものである

自己の言行に飽くまで責任を負う覚悟のない人はかりそめにも天風会員としての誇りを自から冒瀆《ぼうとく》するものである

由来、わが天風会の教義の真髄《しんずい》は、自主自律という点にある。このことは、会員各位の周知の事実である。

これはすなわち「天は、自ら助くるものを助く」という宇宙真理から**胚胎《はいたい》**したもので、わかりやすくいえば、この真理が天風教義たる心身統一法の組織の根本をなしているのである。

したがって、心身統一の各法のことごとくが、自助自制《じじょじせい》を、その教義教法の中核とされているのも、この所因《しょいん》と信条とがあるがためなのである。

そして、そこにまた、天風教義の世界的ユニークであるという称を享《う》けている理由があり、同時にまた、われらが天風会員たるの誇りを感ずる点もそこにあるのである。

しかも、この誇るべき尊貴《そんき》なる教義の目的の徹底に対し

胚胎＝物事のはじまり

て、前掲の箴言《しんげん》の中にある「自己の言行に、あくまで責任を負う」という、人生に必枢《ひっすう》するともいうべき覚悟がその心の中にないと、往々《おうおう》にその万全《ばんぜん》を阻害《そがい》される憂《うれ》いが、事実に存在しているということを、明瞭《めいりょう》に知得している人が、会員の中にもあるいは少ないのではないかと思うがいかがでしょう。

しかし、この**消息**を知る知らざるとを問わず、実際において、自己の言行に対して責任感を持たない人は、なんとしても、自主自律という人間の本来**面目**《めんぼく》を、完全に実行することができないのである。

しこうしてその理由は、自主自律の根本主体ともいうべき自助自制という大切なことが、第一に実際的に**践行**《せんこう》されなくなるからであるという、ちょっと気のつかないデリケートな事実があるからなのである。

というのは、概《がい》して教義の実行に対しても、その責任感が薄いという人というものは、この種の責任感の欠如している人というものは、

必枢＝必ず要ること

消息＝事情

面目＝すがた、特質

践行＝実行すること

ことになるがためである。

そして、それがやがて人生の幸福をも破壊《はかい》する素因《そいん》となるということに想到《そうとう》すると、現代人がとかく重大に考えないであろうところの、この「自己の言行に対する責任感」の有無というものを、もっともっと慎重に考えねばならぬと断定する。

ましてや、自己統御《とうぎょ》を完全にして自己を完成し、人の世のためになるという有意義な価値の高い人生を建設して、万物に霊長たる真価《しんか》を発揮《はっき》することを念願とするわれら天風会員は、よりいっそうこうした完全人生の建設に対して、デリケートな**消長関係**《しょうちょうかんけい》を持つ事実を軽々に考えぬように、おごそかに自戒すべしであると熱奨《ねっしょう》する。

要約すれば、この心がけが厳格に心に持たれないと、真人生建設に何よりも必枢《ひっすう》の条件たる自己統御が、なんとしても徹底しないがためである。

そして、自己統御が徹底しないとなれば、何のために人生

消長関係＝緊密に連係して同じように動く関係

に絡《から》まる宇宙真理を知得《ちとく》したのかわからないという、文字どおり笑えぬ滑稽《こっけい》の結果が、心ならずも招来されるべく、余儀《よぎ》なくされる。

そして、ここに特に戒心《かいしん》すべきことがらは、自己の言行に対する責任感の薄い人というものは、ややともすると自己の健康や運命に、何かの変調の生じた場合、その原因をとかく自己以外の他に転嫁《てんか》して、しかもそれがたいへんな間違いだと気づかないという、見逃すことのできない重大事実があるということがらである。

健康や運命の変調の原因を、他に転嫁して考える限り、それが決して正当な考え方でないのであるため、どうしてもその健康や運命を、よりよき状態へと挽回《ばんかい》するということが不可能になる。

要するに、この消息は、毎年夏に催《もよお》す**真理瞑想補成行修会**の際にも、厳《げん》として強調している「自己の人生に生ずるすべてのできごとは、すべて自己に責任があると自覚して処理し

真理瞑想補成行修会＝安定打坐の体勢で真理を聞き真人生に活きる行修

ない限り、完全な人生は作為されない」というあの垂迹《すいじゃく》を、思い起こしてみるべしである。

実際、人生と責任感というものくらい、輔車唇歯《ほしゃしんし》の密接関係を持つものはないのである。

しかるにそれをそうと自覚しないで、貴重な人生に活きると、その当然の結果として、普通一般の人々の持たない尊貴《そんき》な理解を、人生に対して保有しているという、誇るべき天風会員としての資格を、知《し》らず識《し》らず、自らないがしろにすることになり、とどのつまり、自己のプライドを正しく認識しないという冒瀆《ぼうとく》を、自己自身にあえてしてしまうことになる。

いずれにもせよ、こうした重大消息を考量すると、常住《じょうじゅう》自己の言行に対してはあくまでも責任を負うという覚悟を、その心に厳として把持《はじ》せしむる心がけを決して忽諸《こつしょ》に付《ふ》してはならないと、実感されると確信する。

垂迹＝真の教えを下されること

輔車唇歯＝密接に助けあう関係

常住＝ふだん

忽諸に付す＝おろそかにすること

箴言十五

苦を楽みに振かへる事の出来ない人は人のよろこびを吾が悦びに為し得ぬ人と同様で謂はゆる庸下俗の人である

苦を楽《たのし》みに振かへる事の出来ない人は人のよろこびを吾が悦びに為し得ぬ人と同様で謂《い》はゆる凡庸下俗の人である

世人の多くは、この世を苦の娑婆《しやば》だという。しかしそれは、要約すれば、物質本位の生活をする人々の、価値のない人生観から出た言葉である。

多くいうまでもなく、物質本位の生活というものは、満ち足りるという、いわゆる満足感なるものを得るということが、なかなか容易でないからである。

否、かりに、満足感を得ることがあるとしても、それは概して**暫間的**《ざんかんてき》の場合が多いがためである。

由来《ゆらい》、物質本位の生活を、人間生活の当然の常道《じようどう》なりと思う人々の心の中には、いつも人間の心の中にある**五欲**《ごよく》という欲求情念のみが、絶えず炎々《えんえん》と燃えている。

したがって、どんな場合にも、たとえば第三者からみて幸福だと思えるような事態の中で生活している時といえども、

暫間的＝一時的

五欲＝財・色・食・名・睡への欲求

決してこれで十分だという満足感がその心の中に生じない。

だから、その結果、どうしても人生を心の底から楽しく感じて活きるということができない。

元来人間は、楽しみを心が感じる程度が低調になると、その当然の帰結として、その心の中にその反対現象たる「苦」というものを感じる感応度が、自然と昂上《こうじょう》してくるものなのである。

これが人間各自に、性の差別なく、万人に共通的に賦与《ふよ》されている心理現象なのである。

わかりやすくいえば、平素人生を楽しく感じる程度を低調にして活きる、という生活態度を心にもたして日々を活きている人は、自分では気づかないが、いつも人生のすべてのことを「苦しみ」の方面からのみその心が知《し》らず識《し》らず看《み》るのである。

その証拠として心の積極的でない人を看てみるがよい。

もっとはっきりいえば、天風会員以外の人を看てみること

昂上＝高まること

である。

世の人々の大部分は、われら天風会員のように、いかなる場合にも、明るく、朗《ほが》らかに、活き活きと、勇ましく、人生に活きていないがために、人生をいつも楽しからず、面白からずで活きている。

すなわち、冒頭にいったとおり、この世を苦の娑婆だと思い込んで活きている。

そうして、そういう考え方で、人生に活きている人に限って、古い訓歌《くんか》にある、

「おもしろき　事もなき世を　おもしろく　すみなすものはこころなりける」

などという、尊い人生消息などは、**よしんば**知ってはいても、これに実感的共鳴をもてない。

だからまた、この種の人というものは、自分のこと以外のことには、他の人の悦《よろこ》びなどを決して自分のよろこびとしない。

よしんば＝たとえ

否「しない」というよりは、人の悦びを自分の悦びのように感じられないというほうが適切だと思う。

だから、せんじつめると、日々の人生を極めて価値なくつまらなく活きているのである。

というのは、自分だけのことを悦びとするというような狭《せま》い、卑《いや》しい考え方で人生に活きると、なかなかもってそうやたらと自分の悦ぶようなことが人生にしばしば与えられるものではない。

したがって、物質本位のエゴイスティック（利己的）の生活をする人には、人生の幸福などということは仮にあるとしても、それは極めて程度の低いものでしかない。

ところが、ここに真剣に考えねばならぬことは、そういう状態で人生に活きている人というのが、むしろ「人」と呼ばれる「人」の姿だというように思っているのが、現代人の人間を考える考え方であるということに想到《そうとう》すると、われら天風会員のごとく人生真理を正しく自覚し、「苦」をなおかつ楽しみに振り替えて活きられるお互いは、まことに至幸至福の者だと思惟《しい》せざるをえないのである。

実際！　**凡下《ぼんげ》の徒輩《とはい》**として活きても、一生は一生である。さりながら、再び生まれ能《あた》わざる人生と知らば、しかず、真人として活きずんばである。

○天風作
ふたたびは　来たらぬものを　きょうの日は
ただ　ほがらかに　すごして　たのし。
人はみな　さだめに　活くる　ひと世と知らば
心　おほらかに　すごさんものを。

○**孟子《もうし》**訓句《くんく》
天の将《まさ》に大任を　斯《こ》の人に　降《くだ》さんとするや　必ずや先《ま》ず
其心志《そのしんし》を苦しめ
其筋骨《そのきんこつ》を労《ろう》せしめ

凡下の徒輩＝平凡な俗人

孟子＝中国、戦国時代の思想家

其体膚《そのたいふ》を餓《うえ》せしめ
其身《そのみ》を空乏《くうぼう》せしむ

と。

人文いまだ啓発《けいはつ》せられず、世を挙げて蒙昧《もうまい》なる非科学的時代の二千余年の昔、すでに一儒聖の心中に、この人生訓句の発案創作あり。いまや、真理を自覚して、大偈《たいげ》の欣喜《きんき》生活という階級の高い人生理念を、生活の根本信条として、日々を有意義に活きる会員諸子は、定《さだ》めしこの訓句に、いまさらながら凡庸《ぼんよう》の察知《さっち》し能《あた》わざる、微妙なる共鳴を感通《かんつう》されることと、天風は断然確信する。

儒聖＝儒学に傑出した人
大偈＝大いなるさとり

箴言十六

清濁を併せ呑むという事の出来得
ない人は広い世界を狭く活き
調和ある人生を知らず識らず不
調和に陥れる人である

清濁を併せ呑むという事の出来得ない人は広い世界を
狭く活き調和ある人生を知らず識らず不調和に陥れる
人である

二千年の昔、中国の儒聖《じゅせい》の言葉に「およそ安楽の要訣《ようけつ》は、すべからく人の一善を見て、その百非を忘れるに如《し》くはなし」というのがある。

また、西哲《せいてつ》の言にも「できるだけ人のなすことをほめることにつとめ、みだりに人を批判しないように心がけ、万一、人の失策を見出したら、それを許すと同時に、忘れるようにしよう。そうすることで、汝《なんじ》の人生のもっとも幸福の日が楽しめる」というのがある。

これは、いずれも人生を完全に活きるには、要するに、恒に清濁《せいだく》をあわせ呑《の》むにありということを訓《おし》えている、尊い言葉である。

事実において、清濁をあわせ呑まない心でこの混沌《こんとん》たる人生に活きると、自分の活きる人生世界が極めて狭いものにな

儒聖＝儒学に傑出した人、孔子、孟子など

西哲＝西洋の賢人

る。

そして、その上に、ことごとに不調和を感ずる場合が多くなって、しょせんは人生を知《し》らず識《し》らずの間に、不幸福なものにしてしまう。

というのは、多くいうまでもなく、その顔の各々それぞれ異なるごとく、その心もまた異なっている人々の中で活きていくとき、そうめったに自分の気持ちにぴったりと合致《がっち》する人が、そうやたらといるはずがないからである。

ところが、世の人の多くは、他人の言行の批判に汲々《きゅうきゅう》として、自分の気持ちにマッチしないものは、容易に融合しようとしないで、反対に排斥《はいせき》する。

そして、そういう人に限って、他から批判される欠点の多い人である。しかもそれをそうと自分自身気づいていない。

そもそも、清濁をあわせ呑みえぬ人というのは、その心が、畢竟《ひっきょう》狭量であるからで、いいかえれば、了見《りょうけん》の狭いからなので、同時に、そういう人は、人の世の因縁《いんねん》というものの

汲々＝あくせくする様子

畢竟＝つまるところ

ほんとうの尊さを、正しく認識していないからである。

深く考えなくともすぐ分明《ぶんめい》することと思うが、この広い世の中の、しかも何十億という数多い人の中で、己《おのれ》の知る間柄《あいだがら》になっている人の数というものは、まことに**九牛《きゅうぎゅう》の一毛《いちもう》**ただならず、否、**大海《たいかい》の一滴《いってき》**にも等しい、実に僅少《きんしょう》なものである。

そして、その上、自分というもののこの世に生存している年限というものは、たとえ百歳まで活きられるとしても、久遠永劫《くおんえいごう》の宇宙の生命に比較すれば、これまた夢一瞬の短さである。

したがって、どんなに気の合った己《おのれ》の好もしい人といえども、己の望むほどいつまでもいつまでも仲良くしていくことは、絶対に不可能のことである。

要約すれば、晩《おそ》かれ早かれ、己もまたは知り合う相手も、必ずやこの世を去ることになるがためである。

この人の世にある免《まぬが》れ能《あた》わぬさまざまな現実というもの

九牛の一毛＝多数の中のほんの一部分
大海の一滴＝大量の中のきわめてわずかな量

を、慎重に考えると、この世でお互いに知り合う間柄になったということは、これはけだしまことに**忽諸**《こっしょ》**に付**《ふ》**す**ことのできない大切な事柄なのである。

すなわち、前に述べたごとく、この沢山の数多い人の中から知り合いになったということは、哲学的に論じても、また科学的に考察しても、とうてい人間の智識の力では究明することのできない、因縁《いんねん》という不可思議な幽玄微妙《ゆうげんびみょう》の作用のいたすところである。

しかるにこの人智で究明することのできない因縁という不可思議な作用によって結ばれて、知り合う仲となった者を、己の気に食わぬとか、あるいは心に合致しないとか、彼にはこういう欠点があるとか、または与《くみ》しがたき習癖《しゅうへき》があるとか等々の理由をつけて批判排斥《はいせき》して、せっかく結ばれた因縁を無にするというのは、むしろ極言《きょくげん》すれば、天意を冒瀆《ぼうとく》する者というべきである。

天意を冒瀆する者には、また当然の報償《ほうしょう》が来る、天意の報

忽諸に付す＝おろそかにする

償は絶対にしていささかの仮借《かしやく》もない。その健康の上にか、または運命の上に……。

ともあれこの峻厳《しゅんげん》なる宇宙法則を厳《おごそ》かに考査するとき、かりそめにも、宇宙真理の践行《せんこう》に努めるわれら天風会員は、恒に人生事情のすべてに超越して、心して清濁あわせ呑むという因縁尊重の完全人生に活きることにつとめよう。

仮借＝みのがすこと

箴言十七

積極という事は余程注意を慎重にしないと得てして制約のない樂天主義になる

積極という事は余程注意を慎重にしないと得てして制
約のない楽天主義になる

この箴言《しんげん》は、要するに積極的精神というものに対する解釈を、往々《おうおう》誤る人のあるのを、戒《いまし》めたものなのである。

元来、積極ということは、その意味の取り方を軽率にすると、ややともすると、**第二義**に堕《だ》す怖《おそ》れがある。

第二義に堕すと、勢い心の法則を無視して制約を失い、その結果、それがわがままな奔放《ほんぽう》的の享楽《きょうらく》本位の、楽天的のものとなるのである。

これは、せんじつめると、精神生命に絡《から》まる精神法則に対する無理解から招来された結果だといい得るので、**畢竟**《ひっきょう》、積極的精神の状態というものに対する理解を、あまりにも軽率に平面的に解釈するからだといってよいと思う。

積極的精神とは、事あるも事なきときも、常にその心が、泰然不動《たいぜんふどう》の状態であるのをいうので、要約すれば、何事があ

第二義＝根本の意義ではないこと

畢竟＝つまるところ

ろうが、たとえば、病難に襲われようと、運命難におちいろうと、心がこれを相手とせず、いいかえるとそれに克《か》とうともせず、また負けようとも思わず、超然として**晏如**《あんじょ》たることを得る状態が、天風哲学の理想とする積極心＝平安を確保しえた心的状態（絶対的の強さを持つ心）なのである。ところがこれを軽率に思考する人は、病難運命難に対して、心がこれを相手にせず、またかかわり合いをつけず、超然として晏如たることという大切な点を、なんと無制限に広義に自分勝手な解釈をつけて、特に病難運命難という消極的の出来事という厳格に制限されたことを無視して、なんでもかんでも、人生に生ずるいっさいの事柄にかかわり合わずに超然として晏如たるのが平安を確保しうる心的状態だと独自な結論をする傾向がある。

これ正にいわゆる、**かまとと式**解釈というべきで、これをしも、積極心と思惟《しい》するとしたら、積極心というものの価値は全然ゼロだといわねばならない。

晏如＝安らかで落ち着いた様子

かまとと式＝わかっているのにわからないふりをすること

なぜならば、それは、とりもなおさず、ご都合本位の心の持ち方をする享楽主義者といってよいからである。

そして、そういう心の持ち方をする人は、いつも自分の心に快適を感じないことには、全然交渉を避けて、自分の気分に適合するものだけを相手とするという、わがまま以上の、贅沢《ぜいたく》な心的状態で厳しい人生に活きようとする。しかしこうした活き方は、真理の上から、厳格にいえば、正しい人間の活き方でない。

すなわち、こうした心的状態が、制約のない楽天主義＝第二義に堕した活き方というものなのである。ところがよほど慎重に注意深い省察《しょうさつ》を施さないと、いつしか、自分の「心」がそうした状態にややともするとなりがちなものなのであるから、これは、真剣に気をつけるべきことである。

箴言十八

人を憎んだり恨んだり或は中傷したりする人は自分も又必ず他の人からそうされるという事を忘れてはならない

人を憎んだり恨んだり或《あるい》は中傷したりする人は自分も
又必ず他の人からそうされるという事を忘れてはなら
ない

この章句は、人生に存在する因果応報《いんがおうほう》の大事実を、厳《げん》として戒《いまし》むる、まことに省察に値する言葉なのである。

ところが、このわかりきっている事柄を、多くの人々は、とかく不用意に忘れがちで、ややともすると人を憎んだり、怨《うら》んだり、さては平然と悪口や中傷をあえてなす。

そして、それを格別悪いことと思わない。否、むしろ、それは人間の誰でもが行う当然の行為のごとくに思っている人が少なくない。

中には、そうすることに、一種の快味《かいみ》を感じるという変質的の人すらある。

そうして、その種の人に限り、他の人から憎まれたり、怨まれたり、あるいは中傷されたりすることを、極度に嫌忌《けんき》する、すなわち極端に毀誉褒貶《きよほうへん》を気にするという笑うべき矛盾

毀誉褒貶＝ほめられたりけなされたりすること

を、その心にもっている。

しかし、他人を遠慮なくあしざまに評言したり、憎悪したりして、自分だけは悪くいわれたくない、ほめられていたいということくらい、およそ虫のよい話はない。

自然というものは、そんな不公平なコンペンセーション(代償)の法則は作為していない。

必ずや、因果応報の当然の帰結で、己もまた、他の人々から己のする以上の憎悪や中傷を受けるに決まっている。

この犯すべくもあらぬ事実は、洋の東西を問わず**千古不変**《せんこふへん》のものである。

その証拠には、現にバイブルの「マタイ伝」に、

「汝《なんじ》ら人を審《さば》くなかれ、そは審《さば》かれざらんがためなり」

と明記して戒めているのでも分明する。

第一慎重に考えねばならぬことは、他人を悪く批評したり、または中傷して快味を感ずるというのは、その人格の格調の中に少なからず「善」なるものを欠如していることに原

千古不変＝永遠に変わらないこと

因するといってよい。

およそ、人間の生活が善の軌道から外れて行われるとき、そこには、いささかも人生幸福というものが招来されるはずがない。

この自明の現実から、厳格に省察すれば、かりそめにも、宇宙真理に順応する心身統一の大道義に目覚めて、その生命の根本義を掌握する精神生命の、対人生態度の積極化を徹底せしむることに専念するわれら天風会員は、すべからく、常に自己の心的態度とその状態とに、厳しい内省検討《ないせいけんとう》を施して、いやしくも人を憎んだり、怨んだり、いわんや中傷するがごとき卑《いや》しむべき言動は決してなさざるよう、われとわが心に厳命すべきである。

そして、恒に、真人《しんじん》としての真の気高《けだか》さを堅持すべしである。

いったい、他人の中傷や悪口をあえてなす人というのは、人間として大切に考えるべき自己批判ということを、とかく厳正にしないで、むしろないがしろにするからである。

自己批判を厳正にしないと、どうしても他人の批判にのみ、その注意がいたずらに注がれることになりがちになるものである。

要は、前述した内省検討（積極観念養成の要項）が、完全に実行されないからの結果であると断言する。

それから、いま一つは、他人の言動のみを批判することに汲々《きゆうきゆう》として自己批判を厳正になさぬ人の多くは、おおむねは、人の世に現存する縁《えにし》という重大なことを、存外軽く考えている傾向がある。

縁というものを尊重して考える人は、みだりに人を憎んだり、中傷したりしない。

そもそも縁ということは、極めて重大に考えるべき人生問題なので、同時に此《こ》はこれまさに、人間の理智力をもって容易にこれを忖度《そんたく》しうるという、そんな簡単な事柄ではないということはしばしば論述している。

汲々と＝あくせく

忖度＝おしはかること

多くいうまでもなく、何十億という容易に数えきれぬほどの多数の人間のいるこの世界において、お互いに知り合う間《あいだ》柄《がら》になるということは、何度もいうとおり、とうてい人間の理智の力ではなんとしても考量し能《あた》わぬ、不思議なことだとしか思われない。

この不思議な事実を、すなわちこれを縁《えにし》と呼称するのである。

天風哲学は、この縁というものを、原子や素粒子《そりゅうし》の結合同化と同一の原理と原則の下に活動する、微妙なる宇宙エネルギーの特殊作用の一つであると断定する。

そして同時に、人間の理智力で判断不可能の微妙なる自然作用に対しては、すべからく無条件でこれを尊重して考量すべきであると強調するものである。

昔から、一河の流れ、一樹の蔭、袖《そで》すり合うも、つまずく石も、これことごとく縁のはしという言葉のあるのも、けだし縁の尊重すべきもの、おろそかになすべからざることを形容したものであるといえる。

ところが、憎悪や、怨恨《えんこん》や、さては悪口や、中傷というものは、この尊重すべき縁で結ばれた、すなわち知り合いなるものが、おおむねその対象にされているのである。

という事実に想到《そうとう》すると、その種の人は畢竟《ひっきょう》前述したとおり、この縁というものを軽く考えているに相違ないといえる。

これに反して真に縁なるものの尊重すべきもの、疎《おろそ》かにすべからざるものであることを、正しく知得する人は、みだりに他人に対して悪意ある批判などはなさない。

ましてや、悪口や、中傷や、憎悪や、怨恨などという価値なきことを、絶対にその心にいだかない。

である以上は、まことに真人たらんことを欲する者は「殷《いん》鑑《かん》あえてこれを遠きに求むるにおよばず」恒に自らの省察を「鑑《かがみ》」となして、純正なる人生建設にただ一途《いちず》努むべきであるとあえて勧奨《かんしょう》するものである。

殷鑑＝いましめとすべきこと

箴言十九

内省検討という事は須らく我執を離れて行うべしそうしないと往々独善に陥る

内省検討という事は須《すべか》らく我執を離れて行うべし　そうしないと往々独善に陥る

人間が完全な人生に活きんと欲するとき、その心のあり方を内省検討《ないせいけんとう》するということが、いかに精神生命の積極化ということに対して極めて肝要《かんよう》なことであるかということは、いまさら事新しく論議する必要はないと思惟《しい》する。

されば こそ予が、人生教義として心身統一法を組織するに際しても、心身統一の根本義である精神生命の生存要諦《ようてい》を、正確に合理化するために、精神生命に固有する、**感応性能**《かんのうせいのう》を強くする三条件の中の一つである**積極観念養成**《せっきょくかんねんようせい》という項目の第一に、このことを挙げている次第なのである。

したがって、諸君ももちろん、これを怠《おこた》らず実行されていると信ずる。

がしかし、ここで特に注意せねばならぬことは、この大切な内省検討ということが、ややともすると、**我執**《がしゅう》で行われる

感応性能＝心のもつ暗示を感受する性能

積極観念養成＝消極的になりがちな実在意識を積極的にすること

我執＝自我に執着すること

傾向のあることである。特にそれが、自己の健康上や運命上の問題のときに……。

我執で行うというのは、言い換えると、自分の心のあり方を、終始自己を本位として、または自分の利害関係を主眼として感情的か、もしくは理性的に考察するという検討態度をいうのである。

しかも、この検討態度は、必然しばしば公正を欠く怖《おそ》れがある。というのは、自己本位なのだから、どうしても自分の都合のいいように、とかくその考察を進めていく傾向があるからである。

多くいうまでもなく、内省検討ということは、あくまでもその考察態度は厳正《げんせい》であらねばならない。いささかといえども**牽強付会**《けんきょうふかい》があっては、何の意味をもなさない。

ところが、特に精神修練の未完成の人は、みすみす自分の心のあり方が消極的だと分明《ぶんめい》していても、他人のことでない自分の直接問題を、なんとしても積極的には考えられないか

牽強付会＝こじつけや屁理屈

らやむを得ないというように、理由にならないことに柄《え》をつけて、言い換えると、全然誤《あやま》った同情を自分の心のあり方に施《ほどこ》して、平然と恬淡《てんたん》としている人がいる。これでは、内省検討とは断然いえないのである。

そもそも、内省検討ということの真の全目的は、精神生命に固有する感応性能を、強固にするための必須《ひっす》方法なのであるから、事情のいかんにかかわらず、ただ真正面から、自分の現在精神が、いま直面している事実に対して、はたして積極か否かを、厳正に検討すれば、それが合理的であるのである。

それを事情やことがらの性質にとらわれて、しかも自己を本位として考察を進めると、もうそれはすでに検討という尊い態度でなく、これがすなわち我執というので、自我に執着したことになる。

したがって結果は当然独善《どくぜん》に陥《おちい》るべく余儀《よぎ》なくされる。

要約すれば、内省検討を完全に行おうとするには、自分の心のあり方を、第三者の「心」のあり方を看察するのと同様

柄をつける＝無理に理屈をつける

恬淡＝あっさりしている様子

の態度で看察判別《はんべつ》することである。

しかもこのとき、その看察判別を行う「心」は、もちろん感情情念や理性心意識であっては断じて不可なのである。すなわち純聖なる霊性心意識であらねばならない。というのは、多くいうまでもなく、感情情念や理性心意識には、心のあり方を公平に判別看察することのできないものが多々あるからである。

すなわち、感情情念というものは、とかく興奮性《こうふんせい》のもので、すべてのことの判断に往々常軌《おうおうじょうき》を逸《いっ》する怖《おそ》れが多分にある。そうして特にその感情が「聖」なるものでない場合、よりいっそうこの傾向が顕著である。

また理性心意識の行う看察判別も、また往々正当を失するというのは、ともすると現在の理性を無上と思惟するために、判別の焦点が知《し》らず識《し》らずの間に狂いを生じ、**偏頗偏狭**《へんぱへんきょう》に陥《おちい》りがちになる。特に、理性心意識というものは、理智と相対して、恒に向上的のものであるために、当然その判別は

偏頗偏狭＝不公平で偏りがあること

相対的になって、勢い絶対の判別ができ難い。この理由の下に、絶対的の判別をなし能《あた》うものは、霊性心意識のみということになるのである。というとあるいはそれをとても難しく考える人もあるかもしれないが、決して難しいものではないのである。

要するに霊性意識で、判別せしめよということは、本心良心で、現在精神の状態が積極か消極かを見極めれば、それでよいのである。

由来《ゆらい》本心良心には、不公平もなければ、屁理屈《へりくつ》もないから、鏡に物をうつしたのと同様、その心のあり方のままが感得《かんとく》されるから、即座に厳正《げんせい》公平なる判別が下せる。

しこうしてかくのごとくにして、**常住**わが心をして積極的態度を堅持《けんじ》する真人となり得る合理的補成《ほせい》手段が、現実効果を挙げ得るに至るのである。

あえてこの点を載録《さいろく》して、諸君のよりいっそうの完全践行《せんこう》を熱奨《ねっしょう》する。

常住＝ふだん

箴言二十

何人と雖も反省を人に強うる権利はない反省という事は自分自身に粛やかに為すべきものである

何人《なんぴと》と雖《いえど》も反省を人に強うる権利はない　反省という
事は自分自身に粛《つつまし》やかに為すべきものである

そもそも反省ということは、その人自身が、自己の心の成りゆきや推移に対する現在状態を、その人の本心良心に反映せしめて、熟考する心意《しんい》を指していうものである。

したがって、反省という心意は、厳密《げんみつ》にいうなれば、どこまでも自発的のもので、決して他発的なものでないというべきである。

かるがゆえに、この特殊の心意識の発動を、第三者から促《うなが》すことは可能であるとしても、いかなる権威者といえども、他人にこれを強要する権利は絶対に賦与《ふよ》されていないというのが真理である。

しかるに、事実に徴《ちょう》してみると、往々《おうおう》にそうでないことを、しばしば見聞する。

そして、その強要に応じないと極度にその人を罵詈讒謗《ばりざんぼう》し

徴する＝見比べて考える

罵詈讒謗＝口汚くののしること

て、盛んに憤慨激怒《ふんがいげきど》する人がいる。**あまつさえ**、それが感情や理性の判断のみで考えられたことであるのに気づかずに。

まことにこれこそ笑えぬ滑稽《こっけい》ともいうべきであるが、その人自身はそれをそうと感じないで、自己のそうした場合の態度を、あくまでも正当と思量《しりょう》する。

したがってこの種の人は、由来《ゆらい》人生に、何よりも大事のことは、他人の心や行為を批判することよりも、恒に自分自身の心の態度や行為を、自己自身で、厳密に批判すべきだということに毫《ごう》も気づいていない。

要するに、その原因は、難しくいえば、「人生は現実と精神との中に、その思索《しさく》を振り向ける省察《しょうさつ》（反省）の深さによって、その正邪《せいじゃ》の結論が決定される」

という絶対真理を自覚していないがためである。

西哲《せいてつ》の言にも、

「優れた人は、自己を責めて、人を責めない」

というのがある。

あまつさえ＝その上さらに

西哲＝西洋の賢人

私がしばしば揮毫《きごう》する六然訓句《りくぜんくんく》の中にも、
厳然自粛《げんぜんじしゆく》
というのがある。
いずれも、その真意相通ずるものであるのを熟慮されたい。
いわんや、人生の現実更正《こうせい》を徹底的に期成《きせい》する、天風会の夏期特別修練会を履修されて、いまや、心も身も、まったく文字どおりに更新され、無量の歓喜の尊い情炎《じようえん》に包まれているであろう会員諸子は、よりいっそう戒心《かいしん》を現実にされて、多々益々《たたますます》世のため人のため有意義の真人生に活きるべく、その修得された各種の教義と箴言《しんげん》中に、特にこの箴言の要旨を加えられて、かりそめにも忽諸《こつしよ》に付《ふ》せざらんことを、衷心《ちゆうしん》より熱奨《ねつしよう》する次第である。

ともすれば思わぬ方にはしるかな
　心すべきは心なりける

揮毫＝筆をふるうこと
六然訓句＝超然任天、悠然楽道、毅然持常、藹然接人、厳然自粛、泰然処難
期成＝物事を必ず成就させようと誓うこと
忽諸に付す＝おろそかにする
衷心＝心の底

箴言二十一

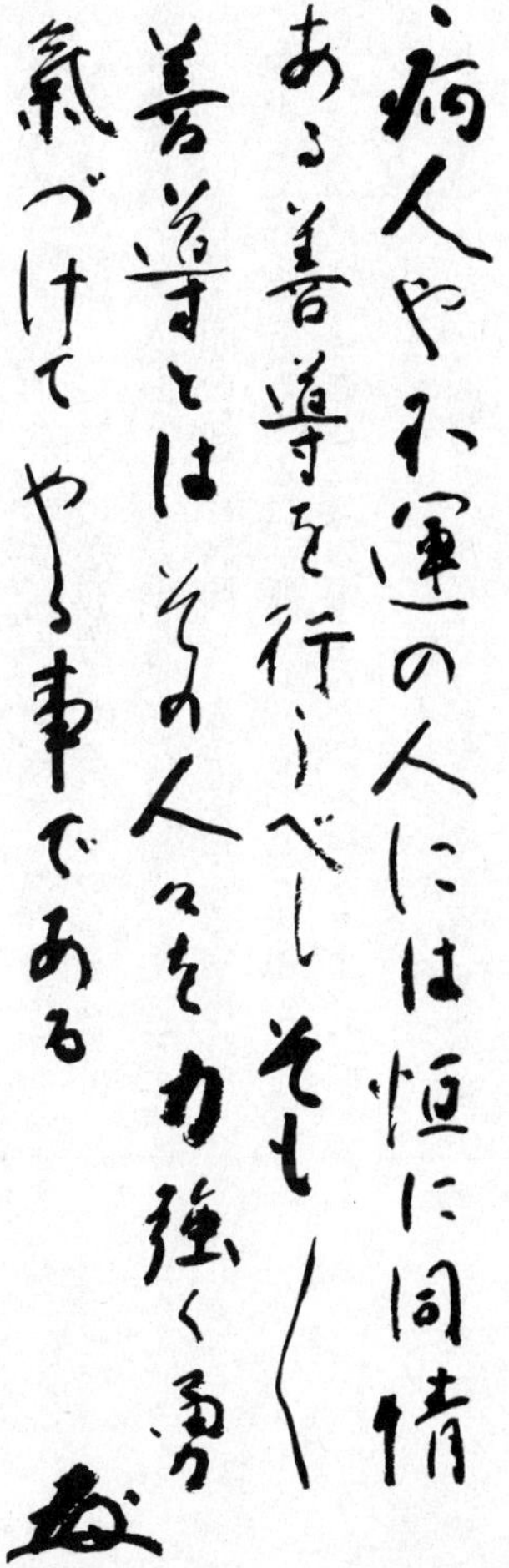
病人や不運の人には恒に同情ある善導を行うべし
そもそも善導とはその人々を力強く勇氣づけてやる事である

病人や不運の人には恒に同情ある善導を行うべし　そもそも善導とはその人々を力強く勇気づけてやる事である

多くいうまでもなく、病に犯されている人や、不運に苦しんでいる人というものは、総じて元気が落ちている、そしてその結果意気が消沈《しょうちん》しているのが通例である。しかもそれを世人の多くはむしろ人間として当然のことのように思っている。

しかし、心身相関《そうかん》の理解に徹底し、人生に絡《から》まる宇宙真理に順応《じゅんのう》して純正なる人生道に活きつつあるわれら天風会員よりこれをみれば、まことに気の毒千万な憐《あわ》れな人々よといわざるをえない。

というのは、すでに諸子の知悉《ちしつ》するとおりで、病や不運に脅《おびや》かされたとき、これを克服するのに何よりも必要なものは、心の力である。

その心の力なるものが、ひとえに元気という心的態度、いいかえれば精神生活態度が積極的である場合にのみ、如実《にょじつ》に煥発《かんぱつ》されるのであるという峻厳《しゅんげん》なる宇宙真理が耽存《じんぞん》するがゆえである。

ところが、これもまたいつもくり返しくり返し説いているとおり、現代文化の世なるにもかかわらず、ことにこういう重要な人生消息を当然知っているべきはずの理智階級者が、なんとまったく無理解の状態で、大部分の人が悪結果を招来するような、最近人々にしきりにいわれているハンス・セリエ博士の唱《とな》えるストレス状態に、自らの無智とはいえ、知《し》らず識《し》らずにおちいっている。

かりそめにも明るい世界、住みよい社会を、現実に作為しようという念願を、自己の人生目標として、心身統一の実行に志すわれら天風会員は、すべからく恒にこういう無自覚な憐れな人々を救うことに最善の努力を尽くさねばならない。

それがこの箴言《しんげん》に表現されているところの、すなわち「病人や、不運の人には、恒に、同情ある善導《ぜんどう》を行うべし」ということなのである。

煥発＝輝き現れること

耽存＝奥深くあること。一般的な読みは〝たんぞん〟だが、天風は慣用的に〝じんぞん〟と発音していた

ハンス・セリエ博士＝初めてストレス学説をとなえたカナダの医学者

露骨《ろこつ》にいえば、現代の世に活きる人々のおおむね多くは、病人や不運者に正しい同情を持たないという一般傾向がある。これは一種の時代思潮《しちょう》であるという人もあるが、いずれにしてもかかる状態では、いつの日にか果たして理想的な真の人間世界が顕現《けんげん》しようやである。

もっとも中には病人や不運者に対して憐憫《れんびん》の同情をもつというような人もあるにはあるが、その同情を表現する場合、おおむねその多くは、**宛然**《えんぜん》首くくりの足を引っぱるのと同様な言動を気づかずにあえて行っている。いいかえるとその人を失望させ、落胆せしむるような言葉や行いを、同情の表現のように考えているのが事実において多い。

これでは真の同情とはいえない。真の同情のある言動とは、すべからくその人に善導的良結果を与えるものであらねばならない。

しこうして善導的良結果を与える言動とは、要約すれば、その心を力強く勇気づけてまずストレス状態から救い出して

宛然＝まるで

やることである。

それには、何をおいても、消沈せる意気＝落ちている元気を引き立てるための鼓舞《こぶ》と奨励《しょうれい》とを現実になしうるような言動を必要とする。

ただしその場合、くれぐれも注意せねばならぬことは、恒に親切を本位とすることである。

ところが中には、自分の知らざりし当時のことを全然忘れてしまって、さもさも生まれながら悟っているかのごとき、うぬぼれた態度や言葉で、えらそうに口角《こうかく》泡を飛ばして、傲《ごう》慢《まん》な様子でこともなげに説得する人がある。

これでは断然いけないのである。なぜなれば、せっかく領《うなず》けるものが領けないことに往々《おうおう》なるがゆえである。

だからどんな場合にも親身に対する親切の気持ちで、自分の悟らざりし当時の失敗を題材として、諄々《じゅんじゅん》と説き導くことである。

特に忘れてならないことは、普通の場合、普通の人は、自

鼓舞＝はげますこと

諄々＝ていねいに言い聞かせること

己の偏見《へんけん》や僻見《へきけん》というものを、あくまで正しいもののように考えている、そして右を見ても左を見ても、自分と同じような考え方をしている者が多いと、それが少しも間違いのない一般常識とさえ思い込んでしまう、しかも現代そういう人のほうが多いのである。

であるから、そんなときにも、親切本位で、その不明を自覚せしむるよう努力すべきで、決して知ったかぶりや優越感で、対応してはならないことである。

否、かくして初めて善導《ぜんどう》の目的を達成しうるのである。

参考のため「教え」というものの偈辞《げじ》を左に掲録する。

誘掖而導之教之常也
警誡而喩之教之時也
躬行以卒之教之本也
不言以化之教之神也
抑而揚之激而進之教之権而変也

僻見＝かたよった見方

偈辞＝真実のことば

教亦多法多術矣

誘掖《ゆうえき》してこれを導くは教えの常なり（人をたすけ導くことは教えの常である）

警誡《けいかい》してこれを喩《さと》すは教えの時なり（いましめ注意し諭すことは、教えでは時をみてすることである）

躬行《きゆうこう》をもってこれを卒《ひき》いるは教えの本なり（自ら行うことで人を率いるのは教えの根本である）

不言をもってこれを化すは教えの神なり（言わずに人を同化させることこそは教えの真髄である）

抑えてこれを揚《あ》ぐ激してこれを進むは教えの権《けん》にして変《へん》なり（悪いところを抑え良いところを取り上げ、激励して前進させるのは教えのその場に応じたやり方なので、時機に乗じてやればよい）

教えまた多法多術（教えのやり方にはいろいろな手段、方法がある）

箴言二十二

理性や感情は理智に相對し理智は教養と經驗に相對す然し本心良心は徹頭徹尾絶對である

理性や感情は理智に相対し理智は教養と経験に相対する　然し本心良心は徹頭徹尾絶対である

およそ吾人《ごじん》人間の心意の中に特有される理性意識と感情情念なるものは、まことに端倪《たんげい》し能《あた》わざる複雑にして微妙なるものである。

そして、これによって生ずる情緒や情念が、直接間接にその因由《いんゆ》をなして、あるいは哲学が創意《そうい》され、考証され、あるいは科学が創見《そうけん》され、研究され、さらにいっさいの宗教も、芸術もかつまた文学も、思想も、これをその胚胎《はいたい》の基盤とするものなのである。

否、もっともっと突っ込んでいうならば、人の世のいっさいのできごと＝いかなる些細《ささい》なる人事世事といえども＝極言すれば、こうして生きている刹那刹那《せつなせつな》の一挙手一投足《いっきょしゅいっとうそく》の生活行為のすべてが、みなこれによって作為されているところの現象事実なのである。

吾人＝われわれ
端倪＝おしはかること
胚胎＝ものごとの始まり

ということを考えるならば、そして、**しかのみならず**、特に慎重なる考察と留意《りゅうい》とを要する問題は「現在の自己の持つ理性意識や感情情念が、決して明日も同一のものでないという重大な事実に、想いを到すとき、吾人の貴重なる人生生活を完成するのに、いかに複雑微妙なる現実内容を保有しておろうとも、簡単に理性意識や感情情念のみに依存して活きようということは断然当を得たものでない」という、大切な**悟**《ご》**諦**《てい》に、いやしくも真理に則して人生に活きようと念願するわれら統一道に精進《しょうじん》するものは、厳しく触れるべきである。

というのは、多くはいうまでもなく、理性や感情というものは、その人の心身に享受《きょうじゅ》した教養や、または経験から培養《ばいよう》された理智を根源とするという**忽諸**《こっしょ》**に付**《ふ》**す**べからざる大きい事実関係があるからである。

しかし、理智なるものは、恒に間断《かんだん》なき発育的状勢をもって推移しているという相対的のものである。

しかるに、かくのごとく、多分に変移性をもつものに人生

しかのみならず＝そればかりでなく

悟諦＝悟り

忽諸に付す＝おろそかにする

生活を依存すると、しばしばそこに図《はか》らざる蹉跌《さてつ》や、思いもよらぬミステーク（あやまち）というものが生ずるのは必然で、せんじつめれば、人生の悲劇も、地獄も、不平も不満も、そうした無自覚を基点として発生するのである。

そして人生は、ややともすると、いわゆる活きがいのない不幸に纏綿《てんめん》するべく余儀なくされる。

ということの真偽《しんぎ》は、煩悶《はんもん》や、苦悩やその他の人生不幸を感じている人を見るとただちに、彼らのすべてが、理性本位かまたは感情本位で活きているのが何よりの証拠である。

要するに天風哲学が、常に人生生活のいっさいは、すべからく本心良心の指示するところにしたがうべしと、力説強調するゆえんも、**けだし**、その理由この点にあるがためである。

そもそも本心良心なるものは、しばしば説述《せつじゅつ》せるごとく、宇宙創造の根本主体に直通する霊性心意《れいせいしんい》の中に厳存するものであるがゆえに、宇宙の根本主体に直接貫通《かんつう》し能《あた》わぬ肉性意

蹉跌＝つまずき

纏綿＝まとわりつくこと

けだし＝まさしく

霊性心意＝霊性意識

識領域や心性意識領域に存在する感情情念や、理性意念のごとき、変移性が**毫末**《ごうまつ》もない。

すなわち、完全無欠の絶対的のものである。

かるがゆえに、本心良心なるものは、あえて学ばず究《きわ》めずとても、真理を透感《とうかん》する自然作用があり、また経験や教養に関係することなく、事物事象に対して、その正当を直感する力があるのである。

要するに、この世界の中に、普通の人の**企及**《ききゅう》し能《あた》わぬ尊い創意や、また考量しえぬ価値ある創見の産まれ出ずるも、けだし、理念や情念を超越した霊性意識より発祥《はっしょう》せるインスピレーション（霊感）を発現する優れた人が、多くの人の中に稀《まれ》ではあるが存在するからである。

事実！　わが天風哲学もまたしかりで、誇《ほこ》るに似たりといえども、かくいう天風のインスピレーションの結実であればこそ、つとにユニークと称せられ、またラショナル（合理的）であるとの賛辞《さんじ》を受ける所因《しょいん》だと断乎《だんこ》として確信するも

毫末＝ほんの少し

企及＝追いつくこと

のである。

よって、こいねがわくは、かくのごとくにして創意結成された天風哲学には、いかにすれば、随時《ずいじ》随処《ずいしょ》、自己の思うがままに、霊性意識を発現し、理性や感情を超越したインスピレーション本位の、霊智《れいち》的《てき》生物としての本領を発揮《はっき》した真の活きがいのある人間になれるかという、人生の先決問題を、容易に解決しうる「心身統一法」という、断然他に追随《ついずい》を許さぬ秘《ひ》法《ほう》の現実組織があり、しかも、そのすべての**垂迹**《すいじゃく》を、微《び》に入り細にわたり、享受《きょうじゅ》されている諸子は、よりいっそうの努力に拍車《はくしゃ》し真剣に実践**躬行**《じっせんきゅうこう》に精進されて、人生至上の至妙境に、終始安住する**叡智大定**《えいちだいじょう》の絶対的生活に到達されて、汎《ひろ》き意味において、人類の幸福の先達者《せんだつしゃ》たらんことを、衷心《ちゅうしん》より諸子の**心頭**に贈って、あえて正しい自覚を要望する。

垂迹＝真の教えを下されること

躬行＝実際に行うこと

叡智大定＝ゆるぎなく安定した悟り

心頭＝実在意識領域

箴言二十三

他人の氣持や言葉又は事件や病いという様なものに心を脅かされたり圧倒される人があるとしたら心身相関の真理を正しく理解せぬ人である

他人の気持や言葉又は事件や病いという様なものに心を脅かされたり圧倒される人があるとしたら心身相関の真理を正しく理解せぬ人である

心身相関《しんしんそうかん》ということは、何も特別に理論的研究をするまでもなく、日常の人生生活を営む際に、少しく注意すると、何人《なんぴと》といえども体験していることである。

ところが、何事ぞといいたいくらい、おおむね多くの人々は、往々《おうおう》これをすこぶる**等閑視**《とうかんし》している。

そしてそのため、もっと健康的にも運命的にも恵まれた幸福な人生に活きられるものを、不本意にも、価値のないものにしている。

いつも講演の際に、執拗《しつよう》にいっていることであるが、真の幸福というものは「富」とか「地位」とかというようなもので、現実にこれをあがない得べきものでない。

しょせんは、一にも二にも、心の力がこれを解決するものである。

等閑視＝おろそかにする

いいかえれば、人生に対する精神態度というものが、人生を幸福にも、かつまた不幸なものにもする。

というのは、これもしばしば講習会で耳にされているとおり、この大宇宙の中には建設の作用を現実化するプラス＝積極の気と、破壊の作用を現実化するマイナス＝消極の気とが、進化と向上とを現実にする新陳代謝《しんちんたいしゃ》作用を完全にするために、いかなる空間にもくまなく遍満《へんまん》存在している。

そして、その微妙なる気が、人間の気分＝精神態度と、恒に同化的に運行しているという現実があるからである。

だから千万の理論よりは、この峻厳《しゅんげん》犯すべからざる大事実を考えねばならない。さすれば人生に活きる際の精神態度＝心の持ち方というものが、どんなに切実な**消長関係**《しょうちょうかんけい》を、全体人生に与えるかということが、極めて明白になるのである。

さらに、夏の修練会の**真理瞑想行**《しんりめいそうぎょう》の際にも、人生何よりも戒《いまし》むべきものは、人生に活きる際、どんな事情があろうと

消長関係＝緊密に連係して同じように動く関係

真理瞑想行＝安定打坐体勢で真理を聞く行修

も、心を消極的にしては、絶対にならない。それはただ人生の光明《こうみょう》を闇《やみ》とするだけで、とどのつまりは、往生《おうじょう》のときを、寿命でもないのに、いたずらに早めるだけのものになり終わると説破《せっぱ》したことを、よもや忘れた人はなかろうと思う。

　ところが、修練会を行修《ぎょうしゅう》しない会員の中には、修練会で実見《じっけん》したような、現実の尊い認証《にんしょう》を知らぬためでもあろうが、せっかく心身相関の真理を講習会で耳にしているにもかかわらず、他人が何かの事情で憂鬱《ゆううつ》になったり、悲観したり、心配したりすると、往々《おうおう》同情の堰《せき》を飛び越して、自分までもそれと同じ気分になって、極端に精神態度を消極的にしてしまう人がある。

　また中には他人の言葉や行為に自分の心を影響させたり、同化させたりして、あるいは不愉快になったり、あるいは不機嫌になったりする人がある。

　さらに笑うべき人になると、何事かを人に忠告したり、あるいは勧告したりしたとき、相手方の人が快《こころよ》くそれに応じてくれないような場合、やたらと胸くそを悪くする人がある。

もっと滑稽《こっけい》な人になると、人に親切にしてやって、相手がその親切に感じないと、盛《さか》んに憤《いきどお》る人がある。

それからもっと愚《ぐ》にもつかぬ人もある。それは、自分の仕事や、または為すことなどが思い通りうまくいかないと、とてもがっかりしたり、閉口《へこ》たれて、憐《あわ》れなほど意気を消沈するという人。

いずれにしても、人生こうした心構えでは、いくら学識があろうと、金持ちであろうと、さらに社会的の地位を持っておろうと、真理というものは、事情に同情はしないのであるから、先述のとおりただいたずらに不幸な状態に自分を心ならずも導入して、結局は、往生のときを早めるだけのこと以外、何にも値打ちのあることは人生に招来されない。

わかりきったことであるが、人生には断然二ページはないのである。

したがって、自己の人生はあくまでも、自分自身がこれを完膚《かんぷ》なきまで護《まも》りぬいていくべきである。

それがすなわち人生の尊厳にして最大なる義務である。

それにはいかなる瞬間にも、心身相関の現実を絶対に忘るるなかれである。

Heaven helps those who help themselves.（天は自ら助くる者を助く）

完膚なき＝徹底的

箴言二十四

油断をするといつしか「誓」の言葉を空文にして活きて居る事があるから十分氣をつけねばならない

油断をするといつしか「誓」の言葉を空文にして活きて居る事があるから十分気をつけねばならない

このことがらは、いまさら事新しくいうまでもなく、恐らく会員諸君のたいていの人が、日常生活の実際の場合にときどき体験し、同時に反省しておられることであろうと思う。

もっと詳《くわ》しくいうなら、せっかく毎朝「甦《よみがえ》りの誦句」や「誓《ちか》い」の言葉を心をこめて唱《しょう》誦《しょう》して、今日一日の人生を、できるだけ尊く、清く、活きぬこうと心がけていたのに、ひょいと気づいてみると、いつしか消極的の感情のとりことなり、あるいは怒り、あるいは悲しみ、あるいは怖れまたは憎む、悩むという気持ちになっている自分を発見するというようなことをです。……察するに、これはあえて初心の人のみでなく、相当教養に順応して生活しているはずの古《こ》参《さん》会員の中にも、この遺《い》憾《かん》なことを往《おう》々《おう》経験されておられることと思う。

甦りの誦句＝『運命を拓く』参照

かりにも真人として活きるのに必要な根本義たる精神生活態度の決定に対する必枢《ひっすう》条件＝心に固有する**感応性能《かんのうせいのう》の積極化**を現実にする＝**観念要素《かんねんようそ》の更改《こうかい》**―**神経反射作用《しんけいはんしゃさよう》の調節《ちょうせつ》**―**積極観念《きょくかんねん》の養成《ようせい》**等の重要方法を励行《れいこう》し、その上**安定打坐密法《あんじょうだざみっぽう》**も怠《おこた》りなく実行しているのにかかわらず、こういうふうにときおり誓いの言葉を裏切るような心的状態になるというのは、これはそもそもいったいどういう理由なのか？　というに、それはこの箴言の冒頭にある「油断」ということが、その主な原因なのである。

それも、精神感応性能の積極化ということが、完全に徹底的に成就《じょうじゅ》すれば格別だが、そうでない限りは、ちょっとでも精神態度の把持《はじ》に「油断」という心的状態が生ずると、たちまち実在意識領を消極的な感情情念で占領させてしまうことになるのである。

しこうして心が「油断」という状態になる第一の過程は、その場合の意識が明瞭《めいりょう》を欠いているからなのである。

感応性能の積極化＝暗示感受性能を積極化する
観念要素の更改＝潜在意識領を浄化すること
神経反射作用の調節＝神経系統を安定させる法
積極観念の養成＝消極になる実在意識を積極化するよう努力する
安定打坐密法＝無念無想の境に達入するための独特の座禅法

考えてみてもすぐわかることだが、いやしくも、人生の真理を習得したものが、はっきりした気持ちで、わざわざ心に消極的の感情情念を招き入れる者のあるはずがない。つづまるところ、自分はそのとき気づかないが、とにかく、心の明瞭度がピンボケになっていたために、その虚《きょ》につけ入って消極念が実在意識領に侵入したからなのである。

だから、誓いの言葉どおりの人生に活きるのには、もっともっと精神使用の原則を尊重して、観念集中を現実にすることに努力しなければいけないのである。

せんじつめれば、実践躬行《じっせんきゅうこう》ひたすらに倦《う》むなかれである。

実践躬行に努めさえすれば、それが必ずや第二の天性になるというように習性化するに決まっているからである。第二の天性というようになれば、どんな場合にも「誓い」を裏切るような気持ちには断然ならない。

要は万一「誓い」の言葉を空文《くうぶん》にしたような場合には、後悔することよりは、もっともっと実践躬行に努力するよう、

躬行＝自ら行うこと

空文＝役に立たない文章

われとわが心に一鞭《ひとむち》当てよである。
それがこの箴言《しんげん》の終わりの「十分気をつけねばならない」という言葉に該当《がいとう》する。

箴言二十五

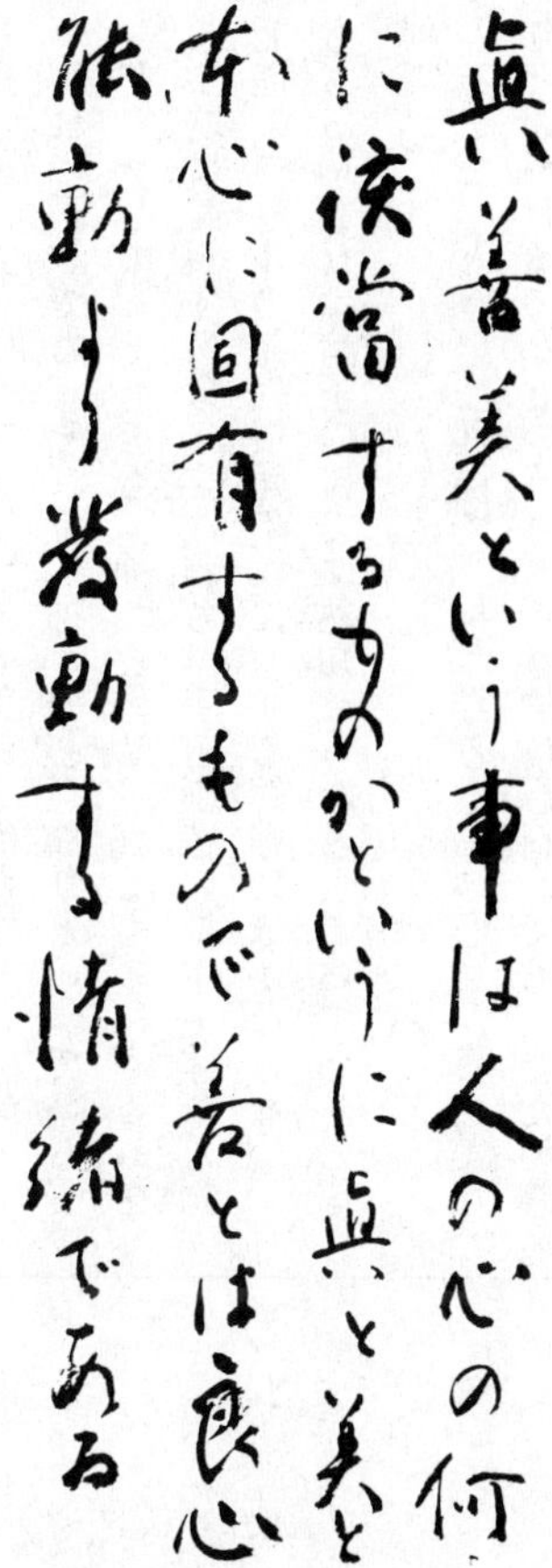
眞善美という事は人の心の何れ
に該當するものかというに眞と美とは
本心に固有するもので善とは良心の
能動より發動する情緒である

真善美という事は人の心の何れに該当するものかというに真と美とは本心に固有するもので善とは良心の能動より発動する情緒である

真、善、美という言葉は、洋の東西を問わず、古来より、いずれの宗教でも、それを「神」の心意《しんい》なりといっている。しこうして、そもそも「神」と称せられるものは、これを科学的に論定すれば、すなわち「宇宙創造の根本主体＝万物《ばんぶつ》能造《のうぞう》の**ヴリル**の発生根元素《こんげんそ》」に対する尊称《そんしょう》にほかならない。もちろんこれは諸子のすでに熟知《じゅくち》せられるところであると信ずる。

そこで、どういう理由で「神」なるものの心意が真善美なりといわれるのかというに、哲学的に思料《しりょう》しても、また科学的に考定しても、宇宙創造の根本主体の作為のすべてが、換言すれば、万物能造のヴリルの能動現象（その活動状態とその結果のいっさい）がいかなる場合にも、真、善、美そのままで、その以外の何ものでもが他に絶対にないがためであ

ヴリル＝活力

る。

この消息はあえて深く考えるまでもなく、自然界も、いっさいの事象いっさいの事物の運行現象をみても、そのすべてが、完全ということへの意図《いと》の現れで、少しもそこに破壊のためへの破壊というものがないのを見ても、ただちに分明《ぶんめい》する。

否、一見破壊らしく見えるものも、仔細《しさい》に検討すれば、そのすべてが完成への一過程としての破壊でしかないということが合点《がてん》される。

要するに、前にもいったとおり、**古往今来**《こおうこんらい》、洋の東西を問わず、いっさいの宗教が、真善美＝神の真意という所因《しょいん》は、実にこの点に存在するのである。

しかのみならず、われら人間というものは、この宇宙創造根本主体の作為せるものの中で、もっとも優秀にして厳粛《げんしゅく》なる一存在である。

いいかえるならば、宇宙創造の根本主体（神＝造物主）な

古往今来＝昔から今まで

るものの造られた作品の中で一番優れた完全さを多分に持つものなのである。

したがって、その当然の帰結《きけつ》として、人間の心意の中にもまた、その造り主なるものの心意である真、善、美なるものが賦与《ふよ》されているのである。

そして、この真善美が、しからば、人の心のいずれに該当するかというに、箴言誦句《しんげんしょうく》に示すとおり真と美は本心に固有され、善なるものは良心の能動《のうどう》に際して、必然的に発動する純真情緒《じゅんしんじょうちょ》（心情）のことで、しかも何人《なんびと》にも、性別なく、生まれながらに賦与《ふよ》されているものなのである。

すでに研修科において、心意識の分解説明の講演を聴かれた会員諸子は本心または良心なるものは、本能心や理性心のように、肉性意識《にくせいいしき》の中にあるものにあらずして、人間の最高意識たる霊性意識《れいせいいしき》の中に、厳存するものである、ということを正確に理解されておられると信ずる。

しかも、この霊性意識こそ、宇宙創造の根本主体（神＝造物主）に直接に、相通ずる心意であるということも、夏の特別修練会において践行《せんこう》される**真理瞑想行**《しんりめいそうぎょう》で修練会員の一同が完全に会得《えとく》されたことと確信する（テレパシー＝感通作用やクレアボヤンス＝感応作用能力の実際的体得に**徴《ちょう》して**考量されるとよい）。

そこで、次にこの神に通ずるという霊性意識領内の本心に固有する真と美というものについて、言及することとする。

真とはいわゆる「まこと」のことで「まこと」とはありのままの姿＝何の虚飾《きょしょく》も偽《いつわ》りも形容もないそのままの……すなわち絶対の**本然**《ほんぜん》！のことなのである（後段掲記の「誠の解」の詩句参照）。

次に、美とは、わかりやすくいえば、完全調和状態をいうのである。

多くいうまでもなく、本心そのものが、すでに、完全無欠のものなのであるから、それが能動状態になれば、いっさいに調和＝和合＝同化を働きかけるのが、これまた必然のこと

真理瞑想行＝安定打坐体勢で真理を聞く修行

徴する＝見比べる

本然＝自然のままの姿

である。

それから、善とはそもいかなることかというに、遺憾《いかん》ながら、現代いろいろの理屈や議論を口に筆に喋々《ちょうちょう》する人が多い割合に、善なるものの真意義を正しく理解している人が極めて少ないようである。したがって善とは悪に対する相対比《そうたいひ》語《ご》というふうにしごく簡単に考えている人が多い。

しかも、それでは悪とは何？　と問えば、よくないこと、悪いことであると平然と答える。そしてよくないこと、悪いこととはどんなこと？　と問えば、善でないことだ、と答える。

しかし、これでは、どこまで行っても、要領を得ない、いわゆるうやむやなこんにゃく問答に終わることになる。

そこでしからば、善なるものの真意義はといえば、これを哲学的にいうならば、絶対愛の発露《はつろ》された心意、またはその心意を基盤としてなされる行為！　ということになる。

しこうして、絶対愛とは、そもいかなることなりやという

喋々＝よくしゃべる様子

に、わかりやすくいうなれば何らの**怨憎嫌忌**《えんぞうけんき》のない、純真無《じゅんしんむ》垢《く》=純一無雑《じゅんいつむざつ》の愛の心情を指していうのである。だからもしも、われわれの心情に、ある者、ある事だけには愛の気持を感じうるけれども、事と者によっては、どうしても愛の情を感じないなどというのは、真の善心の発露とはいえない。

たとえば、わがものには愛を感じるが、自分に関係のないものには愛を感じないなどという愛は、**偏頗**《へんぱ》な愛で、決して絶対愛でなく、しいていえば相対愛という価値のないものなのである。

もっと率直にいえば、そういう相対的の愛情というものは、霊性意識の領内の良心という心意から発露せるものにあらずして、**畢竟**《ひっきょう》は、肉性意識か、せいぜい心性意識から発露されたものなのである。

がいずれにしても、価値高い真人生《しんじんせい》である**第一義**的人生道(心身統一の生活)に活きんと意図《いと》するわれら天風会員は、すべからく常住《じょうじゅう》能《あた》う限りすべての場合、叙上《じょじょう》の真、善、美

怨憎嫌忌=うらみと憎しみ、忌み嫌うこと

偏頗=不公平

畢竟=つまるところ

第一義=もっとも大事な価値あること

を自己の実際心情として活きることに油断なく努力すべきである。

しかもその目的を現実に達成するには、講習会や研修科または修練会で、**垂迹**《すいじゃく》を受けた各種の方法を、真剣に実行すること以外に、他に合理的の方法がないことを心銘《しんめい》すべしである。

参考のため「誠」ということの解義《かいぎ》に対する詩句を添記《てんき》する。

誠の解

誠之為字、従言従成、志之述之謂言、言之行之謂成、誠邦音麻古登麻真也　実也　古登言也　事也　述而不行則不可謂誠、和漢同義者如是矣　至之為義　由此達彼也　達乎　誠之極之謂至誠　人而至誠　則神人感応　百事尽享　吾邦所謂和魂　文天祥所謂正気　孟子所謂浩然　其語雖異　其所帰則一

垂迹＝真の教えを下されること

也　嗚呼人々服膺至誠二字　拳々勿失　惟身之可修家之可斉而已哉　其積徳之所及　光被四海亦非難也

誠の解

誠の字たるや　言に従い成に従う　これを志《こころざ》しこれを述ぶるを言といい　これを言いこれを行うを成という　誠は邦音にて麻古登《まこと》　麻は真なり実なり　古登は言なり事なり　述べて行わざればすなわち誠というべからず　和漢同義はかくのごとし　至の義たるや　これによって彼に達するなり　達するや　誠の極みにしてこれを至誠《しせい》という　人にして誠に至れば　すなわち神人感応《かんのう》し　百事ことごとく享《う》く　吾が邦《くに》のいわゆる和魂《やまとだましい》　**文天祥**《ぶんてんしょう》のいわゆる**正気**《せいき》　孟子《もうし》のいわゆる**浩**《こう》**然**《ぜん》　その語異なりといえども　その帰するところはすなわち一なり　ああ人々　至誠の二字を**服膺**《ふくよう》し　**拳々**《けんけん》失うことなかれ　身の修むべく家の斉《ととの》うべきを惟《おも》みるのみ　その積徳の及

文天祥＝中国南宋末の忠臣

正気＝天地にみなぎる気

浩然＝天地に満ちる精気

服膺＝常に心にとめ実行すること

拳々＝うやうやしくつつしむさま

ぶところ　四海を光被《こうひ》することもまた難《かた》きにあらざるなり

（誠という字は言と成からできている。これを志し、これを述べることを言といい、これを言いこれを行うことを成という。誠はわが国では麻古登で、麻は真であり実である。古登は言であり事である。述べて行わなければ誠といえない。わが国でも中国でも同じである。誠の道はこれによって向上するものである。達すると誠の極みで、これを至誠という。人が誠に至れば神と人は感応し、万事ことごとくうまくいく。いわゆる浩然は、わが国のいわゆる大和魂、文天祥のいわゆる正気、孟子のいわゆる浩然は、言葉は違うけれども、つまりは同じことである。人々よ、至誠の二字を自分のものとして、うやうやしく失わないようにしなさい。身を修めて家をととのえることに専念しなさい。徳を積めばその光が世界を被《おお》うことも難しくはないのである）

箴言二十六

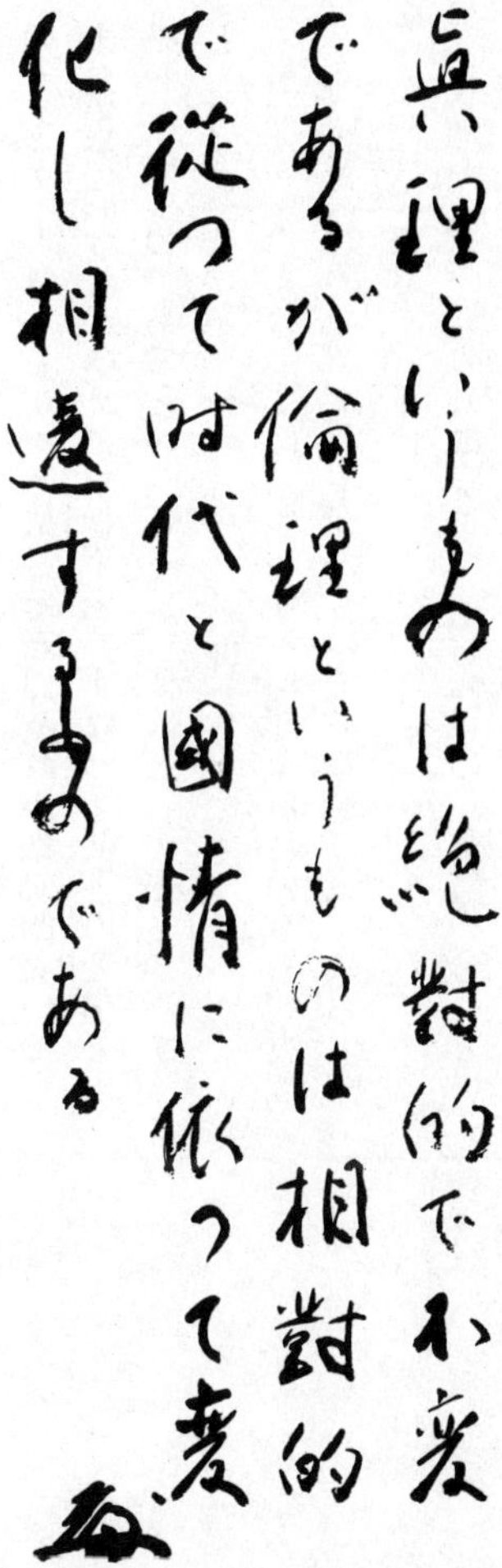

真理というものは絶対的で不変であるが倫理というものは相対的で従つて時代と国情に依つて変化し相違するものである

多くいうまでもなく、真理というものは、唯一にして無二のもので、これあるがためにこそ当然それが絶対的なので、また絶対的なるがゆえに永劫《えいごう》不変、すなわち何等の変化を招来しないものであるということは、何人《なんぴと》といえども知悉《ちしつ》するところである。

が、多くの人の中には、いわゆる倫理なるものをも、真理と同様、絶対的で、また不変のものであるがごとくに思惟《しい》する人が往々《おうおう》ある。

そして、その種の人に限って、研修科の、意識の分解という演題の講演の際にも説述《せつじゅつ》したとおり、いわゆる倫理といわれるものの中には、

・天理《てんり》に拠存《きょぞん》して作為されたものと
・人間のその時代の生存上の都合や条件等を、標準または

天理＝天の道理

理由として作為されたもの

という二つの区別があるということを理解していない。

だから、その種の人々は、いわゆる倫理というものを、前述せしごとく絶対不変の無上のもののごとくに尊重し、特に、人間の行為に対する善悪の批判を行う場合に、恒に倫理と称せられるものを、その批判決定の唯一の標準とする傾向がある。

しかし、これは、決して妥当《だとう》な考察態度ではないのである。

というのは、倫理というものが、そのすべてのことごとくが、天理に拠存して作為されたもののみならばともかくも、事実においては、倫理と称せられるもののおおむね多くは、人間のその時代の生存上の都合や条件等を標準または理由として作為されたものである以上、そうした倫理というものは、その表現の辞句《じく》や、形容の文字が、いかに尊く感じられようとも、それらのものは、時代の推移と変遷《へんせん》に伴って、どしどし遠慮なく変化していく。

それは、何も、深く考える必要はない。

たとえば、

「男女七歳にして席を同じうすべからず」

という、かの有名な孔子《こうし》の訓《おし》えのごときは、二千年の昔においては、その当時の人々にはきわめて厳粛視《げんしゆくし》せられた立派な人生倫理であった。

しかしそれが、現代の世の人々の人生常識に、是認《ぜにん》されるであろうか否か、ということだけを考えてみても、**這般**《しやはん》の消息は即座《そくざ》に分明《ぶんめい》すると思う。

また、**大東亜戦争**の終結するまでは、一般女性の人権を、わが日本国では男子と平等に同視していなかった。

しかも、それが何人《なんぴと》にも何らの不合理と思惟《しい》されなかったというのも、その時代の人生倫理が是認していたからである。

さらに、たとえば、人を殺傷《さつしよう》するということは、現在の世

這般＝これら

大東亜戦争＝第二次世界大戦

の中では、単に、法律上ばかりでなく、人生倫理の上からいっても「悪」である。

しかし、治安機構《ちあんきこう》の未完成の古代には、個人個人が、自己の力で、自己の生命を防護《ぼうご》せねばならなかったため、その時代にはあえてそれがやむを得ぬこととして「悪」とは考えられなかった。

また、現在、個人同士の殺傷は「悪」であっても、国と国との戦争ではそれが「悪」でなくして、時によるとかえって勲功《くんこう》にさえなる。

がしかし、これとても、やがて時代の進化に伴《ともな》って、国と国との戦争においても、人の生命に危害《きがい》を加えるということが、人道上の罪悪だと考定される倫理が作為されるときが、あるいは遠い将来にあり得るであろうとも考えられる。

いずれにしても、こういう事実の上から考査すると、倫理と称せられるものが概《がい》して**暫間的**《ざんかんてき》で、不変的でない相対的なものが多いということが合点《がてん》されると思う。

暫間的＝一時的

かるがゆえに、すべからく**吾人**《ごじん》は、いかなる場合にも、人生行為の善悪批判には、いわゆる倫理と称せられる相対的のものを本位とすることなく、恒に、永劫不変《えいごうふへん》なる絶対的の真理を本位とすべきである。

しかも、この尊貴《そんき》の目的を現実にするには、これまた研修科や、あるいは修練会にて力説しているとおり、物事の判断を、理性心意《りせいしんい》一本に依存《いぞん》することなく、人間の心意識の中での最高なる霊性心意《れいせいしんい》に一任すべきである。

しこうして、この霊性心意にいっさいの判断を一任するという真人生に活きるのには、多くいうまでもなく、入念に、そして完全に、潜在意識領《せんざいいしきりょう》を整理浄化《せいりじょうか》することを真剣に心がけねばならない。

というのは、そうしないと、雑念、妄念《もうねん》、邪念《じゃねん》、悪念《あくねん》等が実在意識を占領して、たえず霊性心意の発動を妨《さまた》げるからである。

要するに、講習会で、精神生命作用の基本機能たる**「感応**《かんのう》

吾人＝われわれ

「感応性能」の積極化＝心のもつ暗示感受性能を積極化すること

性能《せいのう》」の積極化を現実化するために、**観念要素《かんねんようそ》の更改《こうかい》**や、**積《せっ》極観念《きょくかんねん》の養成《ようせい》**法《ほう》、あるいは**神経反射《しんけいはんしゃ》の調節《ちょうせつ》**法《ほう》を示教し、同時にその真剣実行を力説しているのも、その帰定《きてい》する理由は、またこれあるがためである。

　かるがゆえに、真人生活の徹底を所願《しょがん》とするわれらは、よりいっそうの熱意をもって、天風哲学の真髄《しんずい》をなすところの統一道の践行《せんこう》に努力されて、常住《じょうじゅう》、霊性心意の発動する尊貴なる至人《しじん》の境地に到達せられんことを熱奨《ねっしょう》する次第である。

観念要素の更改＝潜在意識領を積極化すること

積極観念の養成＝消極的になりがちな実在意識を積極化すること

神経反射の調節＝神経系統を安定させるクンバハカ法

箴言二十七

人の世のために竭すというのは私心なく誠心誠意人々の協同幸福のために努力することである

人の世のために竭《つく》すというのは私心なく誠心誠意人々の協同幸福のために努力することである

およそ、人間お互いが、万物の霊長としてこの現象世界に生まれし所因《しょいん》のものは、常に講習会の際にも説《と》いているとおり、宇宙本来の目的であるところの進化と向上という尊厳なる大事に順応する使命を遂行《すいこう》せんがためである。

しこうして、われわれが、われわれ人間に課せられたるこの厳粛《げんしゅく》なる責務《せきむ》を考察するとき、かりそめにも、人の世のために尽くすということは、とりもなおさず、叙上《じょじょう》の進化向上ということに順応する行為で、むしろ人間として当然のことだと、気がつくのである。

したがって、当然のことをなす場合、毫末《ごうまつ》も私心《ししん》があってはならないことも、これまた当然なのである。

ところが、広く世の中をみてみると、せっかく人の世のために尽くすように見える行為でも、それがおうおう虚栄《きょえい》のた

毫末＝ほんの少し

めや、あるいは、売名のためになされるものが多い。

はなはだしいものになると、美名《びめい》の下に隠れて、私利私欲《しりしよく》を目的とするものさえある。

もっとも、**春秋《しゅんじゅう》の筆法《ひっぽう》**をもってすれば、人の世のために何等尽くすところなく、**空々寂々《くうくうじゃくじゃく》**、**酔生夢死《すいせいむし》**的に、貴重な人生に活きている人や、または他人に迷惑をかけたり、助けを仰いで活きているという人などに較《くら》べれば、その種の人もまたある意味からいえば、必要な存在だといえるかもしれない？

がしかし、究極においてこの種の私心あっての行為は、しよせんは、その結果が**第二義**のものとなる。

けだし、それが**峻厳《しゅんげん》**なる宇宙真理であるからである。

多くいうまでもなく、私心とは、自己本位の心である。自己本位の心というものは、恒に利害というものに対して、どうしても執着という相対的精神態度をとるために、その結果、勢《いきお》い利己的に陥《おちい》りやすい。

春秋の筆法＝間接的な原因を結果に直接結びつける言い方

空々寂々＝何の考えもなく無我無心なこと

酔生夢死＝むだに一生を終わること

第二義＝根本の意義ではないこと

峻厳＝いかめしく厳しいこと

すると「利己心は、すべての過失と不幸の源泉となる」といった**カーライル**の言葉どおりの事実が、正確に発生してくる場合が多い。

のみならず、私心＝自己本位の心で諸事万事に対応すると、人の世のために尽くすという、尊い行為を完成するのに何よりも**必枢**《ひっすう》な心的条件である誠心誠意《せいしんせいい》というものが、とうてい、その心の中から発露《はつろ》してこない。

誠心誠意をもって、なされざることがらというものは、たとえそれがいかに立派そうに見えても、断然人の世のためになるという尊い結果を作為しない。

いわんや、人々の共同幸福のために努力しようとするのには、崇高《すうこう》なる克己心《こっきしん》というもの、すなわち自己に克《か》つ心が、これまた何よりも必要である。

しかも、自己に克つ心というものは、精神精力の強調ということが現実化されないと、とうていその目的を達成することができない。

カーライル＝十九世紀英国の評論家

必枢＝必ず要る

しこうして精神精力の強調は、心身統一の根本主義たる、精神生命の対人生態度の積極化にあるということは、会員諸子のつとに知悉《ちしつ》するところであるが、いずれにしても、自己本位の心で人生に活きると、しばしば自己の本能心や感情情念に負ける。

そうなると、人々の共同幸福どころでなく、人間一個の存在さえ、実に隣《あわ》れなものになる。

厳格な意味から論断すれば、真の人生幸福というものは、自己を本位とするという相対的意識の中から生ずるものではなく、恒に、誠心誠意（本心良心）という調和享容《ちょうわきょうよう》の絶対的意識の中からのみ生じる。

だからもっとわかりやすくいうならば、お互い人間の心が、自分以外の他の人々の幸福を望む気持ちで、一つに結ばれない限り、広い意味における、人々の共同幸福は望んでも事実化されないのである。

したがって、人間の住みよい明るい世界というものも、そ

享容＝受け入れる

うした気持ちの人間が殖《ふ》えない限りは、とうてい顕現《けんげん》しないといえる。

しかし、こうした推論から考察するとき、われら天風会員は、人間として何をおいても肝要《かんよう》な自己改造という大事を、抑圧《よくあつ》や禁止という、できない相談ともいうべき抽象的な方法でなし遂《と》げようとする、在来の杜撰《ずさん》な手段から、断然ぬきんでた徹頭徹尾《てっとうてつび》、現実の効果を把握《はあく》しうる統一道という実際方法を知得《ちとく》することに想到すれば、まことに言外無量《げんがいむりょう》の至幸至福を痛感せざるをえないと確信する。

こいねがわくは、ますます真理の実践躬行《じっせんきゅうこう》に精進されて、自己本位の心を克服《こくふく》されて、人類世界の共同幸福の建設者として、また明るい世界を作為する先駆者《せんくしゃ》としての「実《じつ》」を挙げられんことを、**衷心**《ちゅうしん》より熱願《ねつがん》する次第である。

畢竟《ひっきょう》するに、これは決して難しい問題として考えるべきでなく、きわめて安易に考えるべき人生事実なのであると断言する。

躬行＝自ら行う

衷心＝心の底

畢竟＝つまるところ

すなわち、手っ取り早くいえば、何よりもまず、他人に干《かん》渉《しょう》しないで、さし当たって自己をよりもっと高く、よりもっと尊く改造することに専念することである。

実際！　ただこれ一筋でよいのである。さすれば必然《ひつぜん》この目的は貫徹《かんてつ》されるに決まっているからである。

ひたむきに人の世のため尽くさんと
　思ふ心に光あるなり

箴言二十八

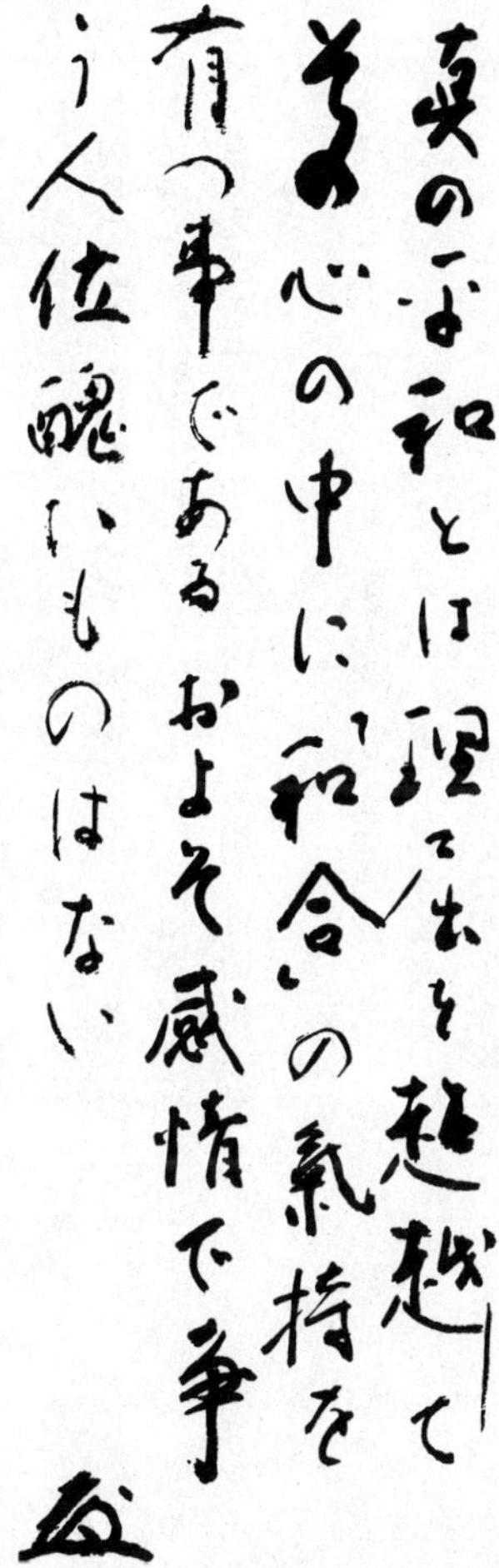

真の平和とは理屈を超越してその心の中に「和合」の気持を有《も》つ事である　およそ感情で争う人位醜いものはない

多くいう必要のないほど、平和という言葉は、現代の世界人のいわゆる民族常識のスローガンになっている。

がしかしである。しからば、その平和なるものが、どこかに真実に果たして現実化しているかというに、遺憾《いかん》ながら「否」と答えざるをえないのが今の世の実相ではあるまいか！

そもそもこれは一体どういうわけなのであろう？　かりにも、人という人のすべてが、平和ということを心の底から念願しているにもかかわらず、一向にそれが現実化されないというのは？

私は思う。それは**畢竟**《ひっきょう》、平和を現実化するに、何よりも必要な「和の気持ち」というものが、人間の個々の心の中に欠けているという、**忽諸**《こっしょ》**に付**《ふ》**す**べからざる事実があるからであ

畢竟＝つまるところ
忽諸に付す＝おろそかにする

ると。

すなわちこの「和の気持ち」というものこそ、平和現実を具体化する唯一つの根本要素なのである。

だから、人間の個の心の中に、この「和の気持ち」というものが欠けている以上は、どんなに平和を念願し、それを声高くスローガン（標語）としてアッピール（訴え）させようとしたところで、しょせんは、**空太鼓**《からだいこ》に終わるのは当然である。

多くいうまでもなく、基礎工事の不完全のところに堅固《けんご》な建物が築かれないのと同様である。

ところが、この見やすい道理が、いつも、平和建設の設計の中から、置き去りにされている傾向が、いつの場合にもあるように感ぜられる。

ちょっとした例が、労資《ろうし》の問題に**紛擾**《ふんじょう》の生じた場合でも、また政党政派の間に生じた政争のようなものでも、仔細《しさい》にそれを看察すると、ただ相互の利害関係にのみ重点を置いて、

空太鼓＝かけ声だけ

紛擾＝もめごと

いたずらに条件本位の解決方法で、平和を現実化しようとする。

だからなかなかうまく協調しない。

実際！　そのとき、そこに、相互の心の中に、少しでも「和の気持ち」があるならば、「思いやり」という、もっとも っと階級の高い心情が発露《はつろ》し、当然条件本位などという、自分たちに都合のよいことばかりを考えるという階級の低い心情が自然と抑制《よくせい》もしくは中和されて、相互に譲歩《じょうほ》の限界を拡大するという気高《けだか》い事実が現実化してきて、苦もなく正しい協調が作為され、人類の活きる姿の中で、もっとも尊い平和というものが如実《にょじつ》に具現《ぐげん》する。

ところがいざとなると、なかなかもって、さにあらずで、頭から「和の気持ち」という尊いものなんか、どこにか抛置《ほうち》してしまって、ただ争わんがために争うという、第二義的の低級な感情のみを炎と燃やして、**喧々囂々**《けんけんごうごう》する。

これでは第一、平和の女神が寄りつくべくもない。

喧々囂々＝やかましく騒ぎ立てるさま

したがって完全な解決などということも、また望むべくもない。

しかるに、こうした事実状勢が、現代社会の各層はもちろん、国と国との間にも日夜、絶え間なく如実に行われているのである。

事態こうしたありさまである限りは、先述せしごとく、いくら平和平和と念願しても、またアッピール（訴え）してみても、結局はむだであり、徒労《とろう》に終わるのが必然である。

そこで、さらにわれらが熟慮《じゅくりょ》せねばならないのは、かりにも明るい世界を作為しようと熱烈に意図《いと》し熱願するわれら統一道同人は、いかにせば人々の個々の心に、真実に「和の気持ち」を現実に培養《ばいよう》することができるかということに対する理解である。

そこでしからばどうすればこの目的を達成できるでしょう？

私はあえていう。

「それは、何よりも、第一に個々の家庭生活の日々の暮らしの中に、真実の平和を築くことだ」と。

いいかえれば、家庭の中に、ことのいかんを問わず、断然争いを起こさぬことである。

もっとも、こういうと、それはなかなか言いやすくして出来がたいことだと、天風会員以外の普通人は、必ず言下《げんか》にいうであろう。しかし、それは要するに、宇宙真理と人生というものを、正しく理解していない凡俗《ぼんぞく》というものは、ともすると因縁尊重《いんねんそんちょう》という大切なことを、考えないからである。

否、考えても、存外《ぞんがい》軽く考えるからである。

要するにこの広い世界に、幾多《いくた》数え切れないたくさんの人という人のいる中に、自分たちだけが、一つ家の中に、夫婦となり、親となり、子となり、兄弟姉妹となり、さては使うもの使われるものとなって、一緒に生活しているということが、並々《なみなみ》ならぬ、換言すればとうてい人間の普通の頭では考えきれない「縁《えにし》」という不思議以上の**幽玄**《ゆうげん》なるものが作用し

幽玄＝奥深く味わいのあること

た結果だという、極めて重大な消息を、重大に考えないからである。

しこうして、この「縁」という不思議以上の幽玄なる作用は、これを科学的に考えても、実に重大な消息が察知《さっち》されるのである。

それは、およそこの世の中の、万象万物がどうして作られているかということを考えると、ただちにこの消息の重大さが分明するからである。

およそ、この世にある万物万象のいっさいは、これを科学的にいえば、人間の**五感官能《ごかんかんのう》**ではとうてい完全に認識することの不可能な、**アトミック・カルパスクル**と名付けられる極《ごく》微粒子《びりゅうし》である。

そしてこれを今から五十三年前の一九〇七年以来、**プランク常数《じょうすう》H**と名付けられているのは、専門家の熟知するところであるが、要するにこの特殊の名称をもつ極微粒子が、この宇宙の空間を形成している、すなわち換言すれば、宇宙の空

五感官能＝視・聴・嗅・味・触覚

アトミック・カルパスクル＝万物創造のエネルギーの素

プランク常数Ｈ＝「気」を構成する微粒子

間とは、この極微粒子の充満した姿を指していうのである。
そして、この微粒子は、そのものズバリといってよい、すなわちエネルギーそのものなので、したがって万象万物のことごとくがその存在を表現するのは、このエネルギーの結合融和の結果で、また万物万象おのおのその形を異にし、そのところを定むるのもまたこのエネルギーの作用で、したがって哲学でいう「縁」なるものは、科学的にいえば、このアトミック・カルパスクルの微妙なユニフィケーション（統合）なのである。すなわち万象万物の根元をなすプランク常数Hというエネルギーの離合集散《りごうしゅうさん》の調和現象に対する名称なのである。
現に、ヨガの**ウパニシャッド**の「聖なる生命」の一節にも、
Ascending Series of Substance（実我の無限向上）
という章句があるが、その中に、
There is a self that is of the essence of Matter... There

ウパニシャッド＝古代インドの哲学の奥義書。ここに引用したタイティリーヤ・ウパニシャッドは、古ウパニシャッドの初期作品に分類される

is another inner self of Life that fills the other...There is another inner self of Mind...There is another self of Truth-Knowledge...There is another inner self of Bliss.

Taittiriya Upanishad

From "The Life Divine"

(われとは物の精…わが命の中には、他を満たすものひそめり…われにはわが心の奥にもう一つのわが心がある…われにはまたまことと智巧《ちこう》の泉がある…われには更に、至上至福に生きられるわれがある)

「聖なる生命」より

というのがあるが、この詩句を充分に味わってみると、この「縁」＝アトミック・カルパスクルの作用がいかに幽玄なものであるかが分明《ぶんめい》すると同時に、「縁」なるもののまたいかに重大に考うべきで、決してないがしろにすべからざる尊重すべきものであるかが、これまた分明するのである。すなわち仏教者のいう一河《いちが》の流《ながれ》、一樹の蔭、つまずく石も縁のはし、まことに忽《ゆる》がせにすべきでないということが分明する。

もっと科学的にわかりやすくいうならば、万象万物の存在は、プランク常数Hと称する極微粒子の集積である。

そして、その集積は文字どおりの集積で、決して独自の存在ではない。すなわち互いに協調し扶助《ふじょ》しあっての存在である。だからいっさいの物も事も、その協調と扶助とが完全であるときに、安定という事実が具現《ぐげん》する。

そして、さらに考えねばならぬことは、物や事の推移変遷《すいいへんせん》するのは、いっさいの物、事を完全化しようとする宇宙に存在する自然現象＝アトミック・カルパスクルの本来の作用であるところの「調和《ちょうわ》の復元《ふくげん》」という作用の表れである。

つまり諸行無常《しょぎょうむじょう》の変化変転《へんかへんてん》というのは、現象の完全化に対する別名で、アトミック・カルパスクルの作用に対する根本原理の変化では断然ないのである。

だからわれわれ天風会員は何をおいても、まずこの「縁」を重大に考えるのである。すなわち、人為的にどうすることもできないこのアトミック・カルパスクルの作用を尊重以上、むしろ尊敬するのである。すなわちこの犯すべくもない真理に立脚《りっきゃく》して、一つ家の中に起居《ききょ》生活するものを、別個の存在と考えないのである。すなわちすべてを「一つのもの」と考えるのである。いいかえると、すべてを己《おのれ》と考えるのである。

だから、われら天風会員の家庭には、これまた決して不平和はないのである。

己が、己を憎んで、己を疎外《そがい》したり、己を打ったり、叩《たた》いたり、正気のものならするはずがないのと同様である。すなわち、すべてを「一つ」と考えるとき、理屈なしに、人間の心の中の一番尊い愛の情というものが発露《はつろ》する。

愛の情こそは、和の種子《しゅし》であり、また稔《みの》りの力である。

ところが、何事ぞといいたいくらい、現代の文化民族ともあろう人々の、およそ天風会員でない人の家庭には、愛の情が漂《ただよ》っていない。否、漂っていてもそれは動物的な感情本位の愛の情で、まごころから出る愛の情でない。だから容易に駘蕩《たいとう》たる春風《しゅんぷう》がなかなか訪れないらしい！　というのも、畢竟《ひっきょう》「精神と現実との中に、思索《しさく》をもっと入念に振り向けて、物事に対する省察《しょうさつ》の深さを現実にする」という、いわゆる内省検討《ないせいけんとう》を、疎雑《そざつ》にすることに気づかずに活きているがためである。

しかしこれまた先述したとおり、こんな人々の多い世の中では、とうていわれらの企図《きと》念願する、明るい社会などは容易に現顕《げんけん》しない。

だから、是非ともこうした正しい真理を自覚して、その自覚を根拠として、尊く日々を活きているわれら天風会員は、ますますその自覚を実生活に実行して、無自覚な不幸に活きる人々を幸福にするために、まごころで教えてやろうではありませんか。

否、そうしてこそ、期せずして、日夕旦暮《にっせきたんぼ》生きがいを感じうる幸福な真人となりうるのみならず、立派に人生の苦悩に

駘蕩＝のどかなさま

日夕旦暮＝昼夜あけくれ

迷う凡俗への「**開悟**《かいご》」の光明となりうるのである。

かるがゆえ、あえて重ねていう、

どうぞ、ますます世のため、人々の幸福のために、統一道を実践する尊い私たちの仲間を殖《ふ》やされんことを、お互いの人生功徳《くどく》のために、衷心《ちゅうしん》からお奨《すす》めする次第である。

開悟＝真理を悟ること

箴言二十九

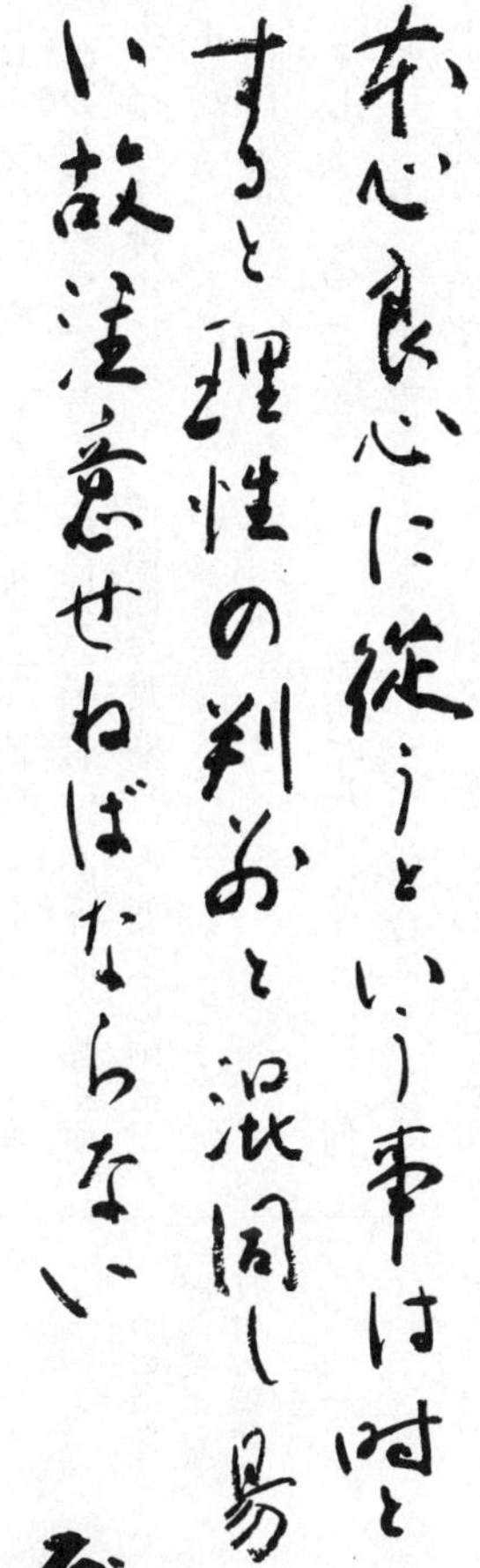

本心良心に従うという事は時とすると理性の判別と混同し易い故注意せねばならない

われら天風会員の、人生教義として、日常生活に実践する心身統一法の、根本義たる精神生命の積極化を現実になす唯一の要諦《ようてい》であるところの、精神生命固有の感応性能《かんのうせいのう》を強くする**三つの条件**中にある、積極観念養成《せっきょくかんねんようせい》という要項の中に、「正義の実行」ということが必ず示教されていることは、会員諸子の知悉《ちしつ》されているところである。

そして、この「正義実行」を、確実に現実化するには、何をおいても、平素の言葉や行為を、いかなる場合にも、かりそめの気持ちでなすことなく、恒に、本心良心に**悖《もと》らぬ**よう、注意に注意して、心がけねばならないということをも、特にその不可侵《ふかしん》の条件とすると力説しているので、これまた諸子の十分知得されていることと信ずる。

が、特に、省察《しょうさつ》を要することは、この箴言《しんげん》に掲記してある

三つの条件＝他二つは観念要素の更改と神経反射の調節

悖る＝そむく

ごとく、自分自身では、その言行が、たしかに、本心良心にしたがったつもりでいても、時とすると、案外それが、理性の判断にしたがっている場合が、実際においては、往々《おうおう》あるのである。

もちろん、理性の判断するところのものは、ありふれた常識の判断や、軽率な感情本位の判断よりは、はるかに論理的価値の高いものを、多分に保有しているには相違ない。

がしかし、いかにその判断が論理的に適確厳正《てきかくげんせい》であろうとも、しょせん、理性の判断なるものは、厳格な意味で論定すると、どこまで行っても「相対的」で、とうてい本心良心の許諾《きょだく》のごとく、絶対的のものでありえないのが真理なのである。

このことに関する詳細の理解は、予の著述にかかる**『研心《けんしん》抄《しょう》』**の中に論述してあるので、もちろん諸子は、すでに**閲読《えつどく》諒知《りょうち》**されていると信ずるが、いずれにしても、絶対的のものと、相対的のものとを、同一の価値認識で考定することは、

『研心《けんしん》抄』＝昭和二十三年に天風会から発行された書物

閲読諒知＝よく読んで理解する

断然大きな錯誤《さくご》であることに、気づくべきである。

ところが、それをそうと気づくことなしに、漫然《まんぜん》として日常の精神生活を敢行《かんこう》すると、おおむね多くの場合、本心良心の許諾という絶対的心意と、理性の判断という相対的心意との区別を正確になしえない、いわゆる「心意識の混同」ということを招来するという遺憾《いかん》な結果を、心ならずも作為することとなる。

すると、その軽率な不注意から、知《し》らず識《し》らずのあいだに、本心良心の許諾よりも、理性の判断を本位とする精神生活を、むしろ当を得たもののように考量《こうりょう》するようになる。

そして、その究極の結果は理屈さえ間違いなければ、何をいっても何を行ってもよい、というような一種の独自的心的態度が、完全な精神生活であるかのごとく、思惟断定するようになる。

だから、この種の人に限って、何事を考察するときでも、「常識的に考えてみて」とか「理性的に考えてみよ」とかかと平然としていって、決してそれを「良心的に」とか、あるいは「本心的に」とかとはいわない。

しかし、そうした考え方で行われる精神生活には、人間の一番価値の表現となるべき「正義実行」という、階級の高いものは、とうてい実行され得べくもない。

これは、単なる理論探究の結果からの論定でなく、予の実際体験からの認証《にんしょう》なのである。

というのは、少壮《しょうそう》の時代、生死一番の危機に幾度《いくど》か直面した場合の実際を回想するとき、そのいずれの場合にも、その出処進退《しゅっしょしんたい》を、ただ自分の本心良心の命ずるままに従わせていたために、ふつうの人から考えると、さもさも耐え得ぬ危険のるつぼの中に生きていたようにさえ思われたのにもかかわらず、自分自身は、いささかの恐怖も懊悩《おうのう》もなく、きわめてむしろ平然《へいぜん》と、快心的《かいしんてき》な起居《ききょ》動作で毎日を過ごし得た。がしかし、今にして考うれば過去幾多のあの場合、万々一多くの人のように理性で判断したならば、とうてい今日までこの無

出処進退＝身の振り方

事な存在を、この自分の生命に確保しえなかったであろうと、今さらながら後日の今日、当時を追憶《ついおく》しつつ、思うことがいくつもある。

その一例として、過日も平《たいら》支部の会員の警察官の人が来訪されて、談たまたま往年の、**磐城《いわき》炭鉱《たんこう》の騒擾《そうじょう》事件**調停当時のことにおよび、

「先生は、暴徒が先生を威嚇《いかく》する意図で、鉄砲を撃っているのを怖《おそ》ろしいと思われずに、平然と彼らのほうに近づいて行かれたというのは、一体どういう理由です？　何しろ相手は無知蒙昧《むちもうまい》な、現代の採炭労員《さいたんろういん》と全然比較にならない野獣のような、いわゆるあらくれ男ばかり、何をするかわからない理非分別のできないむちゃくちゃな奴等《やつら》で、いわゆる穴掘り鉱夫でしょう……人の一人や二人殺すくらいはむしろ朝飯前のように考えているであろう人間のすることを、少しも怖ろしいと考えられなかったというのは一体どういう心理状態なのでしょうか？　警察官としてとても参考になると思いますの

磐城炭鉱＝今の福島県いわき市にあった炭鉱
騒擾事件＝大正時代にあった騒動

で聴かして下さい」

といわれたので、そのときの答えもこの記述と同様で、

「ただ本心良心の命ずるままに従っただけなので……もしも今貴官のいわれたようなことを少しでも考えたなら、それは理性的判断になるから、すぐさま恐怖念なり、躊躇感《ちゆうちよかん》が発生してきて、あるいは銃声を耳にすると同時に、一歩も前に足が出なかったであろうよ。けれども、その時の自分の心の中には、そんな自分本位のことよりも、罪も恨《うら》みもない者にまで発砲するくらい、思慮《しりよ》を失って自己の生活の確保に狂乱《きようらん》している気の毒な人を救わなければ……という、愛憐《あいれん》の気持ちだけしか発動しなかったので、つまり後になって考えると、それが有り難い本心良心の発動だったので、さてこそ自分でも不思議なくらい平然たる態度で終始し得たので、要するに、これが本心良心というものが絶対的のものである証拠だと思うよ」

と説明し、

「だから、国家再建の基盤たる理想的治安の確保に勤務する貴官等はもちろん、一般人といえども、恒に、その言行を本心良心に依存して行うような真人たることに、注意を周到《しゅうとう》にされなければね」

と言い添《そ》えてあげたらとても喜んで帰去《ききょ》されたが、実際の話が、現実の人生の理想的処置というものは、あくまでもこうした現実が正しく解決するものであるということを、明瞭《めいりょう》に心に銘記《めいき》して活きることが何より肝要なのである。

だから、一番適切な処置は、いつも講習で示教していると

おり、何等《なんら》の後ろめたさ＝少しの気とがめをも心が感じないものを言行とするのが、もっとも優れた**要訣**《ようけつ》なので、少しでも自分の言行を弁護《べんご》したり理由づけることによって釈然《しゃくぜん》たらんとするのは、**けだし**、それはとりもなおさず、理性の判断をそれをただちに本心的のもの、良心的のものだと独自的に断定強調しようとする極めて価値のない、いわゆる「独りぎめ」だといってよい。

要訣＝肝心な秘訣

けだし＝たいてい

独自的の決定は、いかに理論的に脚色《きゃくしょく》しても、正義＝真理からほど遠いために、往々、その心中に恐怖や躊躇という心理現象が発生する。

ただしくれぐれも、誤解されたくないことは、この説明を軽率《けいそつ》に考慮して、「理性を無用のものだ」というように解釈しないことである。

幾多《いくた》、現代文化人の実生活に感謝すべき利便と恩恵とを与えてくれている、数多くの発明や発見の中には、もちろん、人間の精神生命のもっとも高級な霊性心意の発動に帰因するものがその大部分ではあるが、また、優れた理性心意の発動に存拠《ぞんきょ》するものも、けだし少なくないのが事実である。

したがって、優秀な理性心意は、当然、大いに推奨《すいしょう》尊重すべく、また、大いにその進展を啓発《けいはつ》するべきである。

が、ただ戒《いまし》むべきは、人間の言行のいっさいの何もかものすべてを、理性心意のみに依存することは、人生真理より厳格に論断すれば、決して妥当な処置でないということを、正しく省察《しょうさつ》自覚すべしというのであることに、正念《しょうねん》留意されたいのである。

あえて**這般**《しゃはん》の消息を、さらに深く正しく感得《かんとく》するためには、こいねがわくは、よりいっそう折あるごとに**安定打坐密法**《あんじょうだざみっぽう》を践行《せんこう》されて、諸子の生得《しょうとく》する霊性心意を発現されんことを、衷心《ちゅうしん》より熱奨《ねっしょう》する。

這般＝これら
安定打坐密法＝無念無想の境に達入するための独特の座禅法

箴言三十

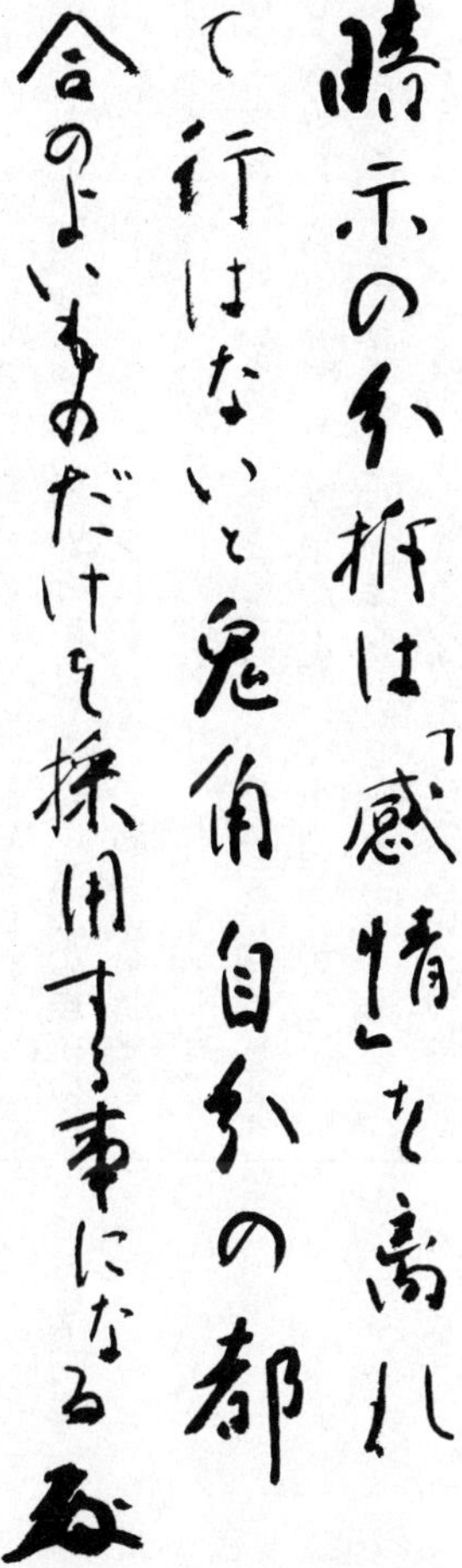
暗示の分析は「感情」を離れて行はないと兎角自分の都合のよいものだけを採用する事になる

暗示の分析は「感情」を離れて行はないと兎《と》角《かく》自分の都合のよいものだけを採用する事になる

暗示の分析ということが、精神生命の生存確保に、直接かつ重大な関係を有する感応性能《かんのうせいのう》の強さと正確さを保持する上に、いかに大切なものであるかということは、教義の垂迹《すいじゃく》の際、特に強調しているが、事実においてこの暗示の分析という大事なことは、充分慎重な注意で行うように、平素周到な注意で習性づけないと、ややともすると、自分では相当に正しく分析したつもりでも、結果が実際は、正当に分析していないということになる怖《おそ》れが多々あるのである。

しこうして、ここでいうところの慎重な注意というのは、これを感情で決して分析しないということなのである。

わかりやすくいえば、感情、それが特に消極的の感情情念が、少しでも「心」の中に存在していると、暗示の分析が、その感情情念に左右されて結局正当を失するからなのであ

垂迹＝真の教えを下されること

る。

もっと詳しくいうなれば、前顕《ぜんけん》の標句のごとく、感情情念がその分析の中心となって取捨《しゅしゃ》分別を行うために、結局は、自分の感情情念が共鳴したものだけを是認《ぜにん》することとなる。すなわち、とかく自分に都合のよいことだけに、共鳴同化の態度を示すことになるがためである。

しかし、これでは、正当な分析はできない。しいていえば、自己の気に入ったものを、自分だけで正しいと勝手に決定しただけのことであるからである。そして肝心《かんじん》の感応性能の積極化ということには、何らの好良な反応効果は招来されない。

かるがゆえに、厳格な意味でいうなれば、正確な暗示の分析を**期成**《きせい》するのには、その時の自己の精神生命の内容に、消極的感情情念が存在しているか否かを、まず厳密に検討することである。

すなわち、前述のごとく、いささかでも感情情念、特に消

期成＝物事の成就を目標とすること

極的なものが「心」の中に存在していると、どんなに冷静な気持ちで分析したつもりでも、結局は、とうていその分析は正当であり得なくなる。

であるから、充分この点に留意されて、正当な暗示分析を行うべしである。

がしかし、実際の場合、こういう消息が十二分に諒解《りようかい》されていても、いざとなると、なかなか消極的感情情念の存在の有無というものは、その検討が容易でないのが事実である。

というのは、消極的感情情念が実在意識領に存在している場合ならとにかく、それが潜在意識領域に内在していると、その感知《かんち》発見がなかなかもってそう簡単にはいかないからである。

そこで、この困難を排除するのに、もっとも枢要《すうよう》な手段は、多くいうまでもなく、平素観念要素《かんねんようそ》の更改《こうかい》と、神経反射《しんけいはんしゃ》の調節《ちょうせつ》という、あの感応性能《かんのうせいのう》を積極化する二大厳法を、入念に践行《せんこう》するのがそのもっとも賢明な対人生措置《そち》であるという

枢要＝肝心な

ことを、断然**忽諸《こつしょ》に付《ふ》す**べからずである。

と同時に、日常の人生生活を行う際、その心的態度を、どんな場合にも明るくほがらかに、活き活きとして、勇ましく堅持することを、ゆめにも疎《おろそ》かにしては、断じてならぬことである。

要するに、習慣は第二の天性ということは厳粛《げんしゆく》な人生真理であり、かつ侵《おか》すべからざるの大事実であるからである。

要は、この実際消息を粛《つつまし》やかに心に銘記《めいき》して、ただ践行《せんこう》一念に努力すべしである。

なお、参考のために、ともすれば、「心」および「肉体生命」を弱くする怖るべき素因をなすところの、消極的感情情念なるものの代表的のものを左に抜粋**摘記**《ばつすいてつき》する。

憤怒《ふんぬ》、恐怖、悲観、苦労、心配、憂愁《ゆうしゆう》、懊悩《おうのう》、煩悶《はんもん》、**迷《めい》妄《もう》**、憎悪、怨恨《えんこん》、嫉妬《しつと》、復讐《ふくしゆう》、排他《はいた》、嫌忌《けんき》、**誹謗**《ひぼう》、猜疑《さいぎ》、邪《じや》推《すい》、**焦慮**《しようりよ》、貪欲《どんよく》、失望、落胆《らくたん》、不平、不満、自暴、自棄《じき》、**讒《ざん》誣《ぶ》**、中傷

忽諸に付す＝おろそかにする

摘記＝かいつまんで記す

迷妄＝心の迷い

誹謗＝他人の悪口を言う

焦慮＝あせりいらだつ

讒誣＝人を陥れる悪口をこじつける

箴言三十一

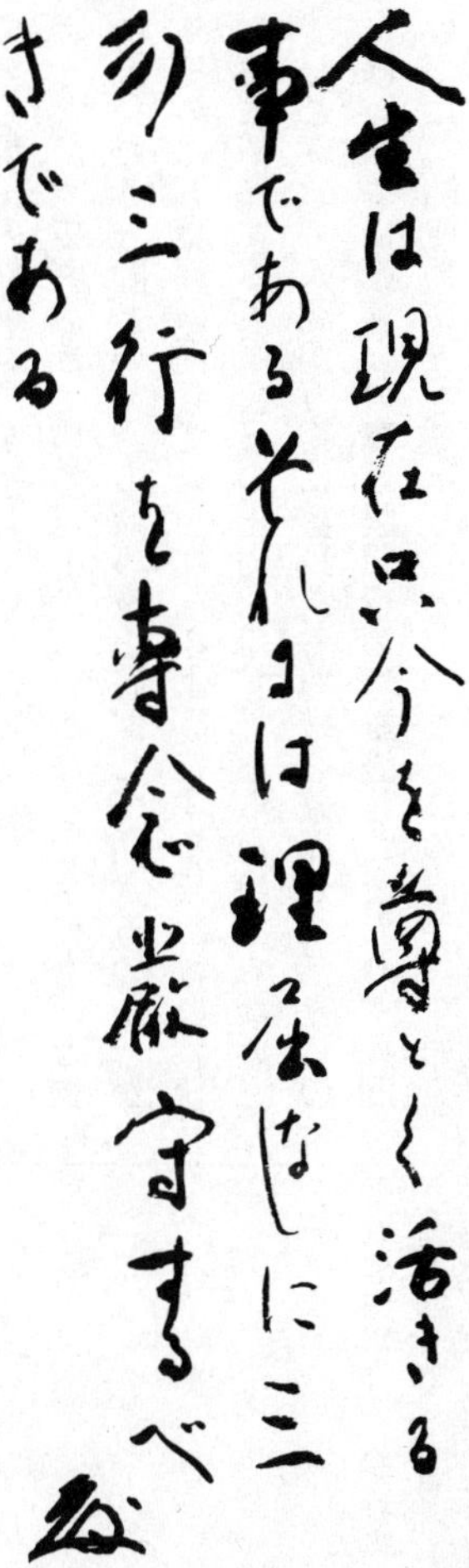
人生は現在只今を尊とく活きる
事である それは理屈なしに三
勿三行を専念厳守するべ
きである

人生は現在只今を尊とく活きる事である　それには理屈なしに三勿三行《さんこつさんぎょう》を専念厳守するべきである

多くいうまでもなく、人生とは、自己の生命活動の存続している現実の刹那刹那《せつなせつな》を指していうのである。

したがって、活きている以上は、いかなる場合にも、万物に霊長たる人間というものの尊厳を確保して活きるのが、かりそめにも真理に則して人生に活きようとする、われわれ統一道に精進《しょうじん》する天風会員の正当な自覚であらねばならない。

しこうして人間が万物に霊長たる尊厳を確保して活きるのには、すでに修練会の**真理瞑想行**《しんりめいそうぎょう》の際**垂迹**《すいじゃく》したとおり、人間は恒に「随所《ずいしょ》に主となるべし」といった、この心がけを如実《にょじつ》に実行することが、何をおいてもそのもっとも必要とする先決問題である。

しかも人間が随所に主となるには、第一に肝要な心得は、「物」にも「人」にもわずらわされないことである。

真理瞑想行＝安定打坐の体勢で真理を聞く行
垂迹＝真の教えを下されること

「わずらわされる」ということは、古い言葉でいうと、「役《えき》」せられるということである。

昔中国の儒学者の**陶潜**《とうせん》のものした、有名な作詩帰去来《ききょらい》の句の中に、

「心は形の役をなすべく使うものにあらず、形こそ心の役となるべきである」

という趣意を**舒した**《じょ》のがあるが、この詩句《しいく》を**酌量**《しやくりよう》考察しても、およそ「役」せられるということの意味が分明する。

と同時に、自己の尊厳を守り抜くものは、形＝肉体や体裁《ていさい》でなく、「心」であることも明瞭する。

したがって「わずらわされる」というのは、心が「物」かまたは「人」かに「役」せられる状態のことで、これをわが天風哲学のほうからいうと、自己の心が相対事象《そうたいじしよう》（それが物であれまた人であれ）に奪われた状態……詳しくいうならば、その主位を乗っ取られたときのことをいうのである。

事実において、万一心がこうなったとすると、自己の尊厳

陶潜＝陶淵明のこと
舒す＝のべる
酌量＝くみとる

がただ単に冒瀆《ぼうとく》されるばかりでなく、果ては、自我の没却《ぼっきゃく》ともなる。自我の没却とは、いいかえると自我の存在を不明にすることで、こうなると、何のために他の生物の絶対に持ち合わさない自覚と理解という特殊の作用を保有する優秀なる「心」を賦与《ふよ》されたかが、皆目《かいもく》わからぬということになる。

そもそも、自己の人生というものは、あくまでも自分のもので、決して他人のものではない。

しかし、心が物や人に対して主位にあり能《あた》わずして、これに役せられ、わずらわされたのでは、勢い大切な「心」が物や人にその主座《しゅざ》を奪われて、やむなくも従座《じゅうざ》につかねばならぬこととなる。

これではただ生きているから活きている……極言すると生かされて活きているということになり、活きる正しい道を知って活きるという正当な自覚をもつ人間の活き方とは、およそ隔《へだ》たりの遠い活き方になる。

そしてそういう活き方をすると、その当然の結果は嫌々ながらも不健康や不運命というものが、ややともするともっとも苦い形で、たった一つしかない貴重な生命に襲いかかり、結局は憐れな価値のない人生でその一生を終わることとなる。

しかしこれじゃ万物の霊長として生まれたかいもなく、また活きがいもないことになる。

ところが、この自明の理が、実際に**徴する**《ちょう》と、徹底的に理解されていないのじゃないのかと思わせられる人がある。

というのは時折、物や人にわずらわされて、随所に主となるどころか、随時に従となるというような人が、会員の中にも見受けられることがあるからである。

すなわち病に犯され、または**不如意**《ふにょい》の運命に脅《おびや》かされた時などに、軽率にも、それに**やにわに**とりこになって、あるいはわずらわされ、役せられるという醜態《しゅうたい》をあえて醜態と思わず、むしろ自分の場合はそうなるのが当然だというようにすら考えているという愚かな人があることである。

徴する＝比較して考える

不如意＝思うようにならない
やにわに＝即座に

一体これはそもそもどういうわけであろうか？

かりにも人生に絡《から》まる宇宙真理を理解づけられ、その上、如実にその理解を日々の人生に活用のできるようにと、特殊の組織内容を持つ「心身統一法」という実際方法を示教《しきょう》されているにもかかわらず、さながら未知の時代の凡俗同様の愚《ぐ》を繰り返すというのは……？

しかも時によると、修練会を履修《りしゆう》した会員の中にも、この愚をあえて行う人がある……もちろん修練会をやった人はさすがに早く気がつくが……それと同時に人知れない反省念に鞭《むち》うたれて、大いに自責《じせき》に苦しむようであるが……これは畢《ひっ》竟《きょう》そこに見逃されている一つの大きな原因があるがための結果なのである。

しこうしてその見逃されている大きな原因とは？

曰《いわ》く、

「感情統御《とうぎょ》の未完成ということである」

そしてその初因《しょいん》は、平素の人生生活を行う際の感情統御

畢竟＝つまるところ

が、充分注意深く実行されていないからである。

由来《ゆらい》感情というものは、なにぶんにも長い間知《し》らず識《し》らずの間に習性づけられたものであるから、なかなかもってちっとやそっとの注意では、容易にその統御を思うように徹底せしめるということは、実際難しいのである。

しかし、いつもいっているとおり「道は法を行うことによりて達す」で、講習会で垂迹《すいじゃく》している三勿三行《さんこつさんぎょう》というあの教えが、普通の注意では容易にその目的を達し得ない感情統御という難しいことを、比較的容易に徹底せしめ能《あた》う「秘法」なのである。

すなわち、三勿三行こそ感情統御に現実の著効《ちょこう》をもたらす秘法なのである。

その三勿三行とは、会員諸子の知悉《ちしつ》せられるとおり、「われらの誓詞《せいし》」の誦句《しょうく》の中にある、

怒らず
怖れず

悲まず

というのが、三勿《さんこつ》というので、

正直

親切

愉快

というのが三行なのである。

かるがゆえに、尊厳なる人生を確保するために、「随所に主となる」という理想的の人となるには、理屈なしに三勿三行を厳格に実行することである。

要するにそれをわれら天風会員の人生生活に対する誓詞としたのも、けだしこの重大なる理由があるためである。

だからふたたびくり返していう。理屈なしに三勿三行を厳格に実行して、自己の尊厳を冒瀆《ぼうとく》する消極感情の清算を現実にすべし！　と。

いわんや、自己人生の「誓い」とした以上は、もっとも「おごそかに畏《かしこ》む」心をもって実行すべきである。

というのは、「われらの誓詞」は、今日一日の活き方を、人間本来の**面目**《めんぼく》を確保して絶対に背《そむ》きませんと、宇宙霊《うちゆうれい》に対し厳重《げんじゆう》に堅く約束する言葉である。

したがってこの約束は絶対に破ることは許されない。

なぜなれば、破れば人為的にどうすることもできない宇宙真理の中に厳《げん》として**耽存**《じんぞん》するコンペンセーション（報償）の法則で、必ずや、その応償《つぐない》を健康や運命の上に命ぜられるからである。

多くいうまでもない、宇宙真理とは、宇宙霊の自然作為によるものである。

しこうして、宇宙霊とは、俗に人々のいうところの「神」なのである。

したがって、宇宙真理とは、神の摂理《せつり》なのである。

神の摂理に背反《はいはん》するものに応報《むくい》のないものはない。

古語にも、

人を欺《あざむ》くことはできる、しかし神を欺くことはできない

面目＝すがた

耽存＝奥深くあること。一般的な読みは〝たんぞん〟だが、天風は慣用的にこう発音していた

というのがある。また、

自然にしたがう（順応）者は自《おのず》から栄《さか》え、自然に反《そむ》くものは自から亡《ほろ》ぶ

というのがある。

いずれも神の摂理＝宇宙真理をないがしろにすべからずということを戒《いまし》めた言葉である。

よって三度《みたび》くり返す。

「すべからく三劾三行《さんこつさんぎょう》を厳《おごそ》かに実行すべし」と！

あとがき

一、二、三……と続く一日一日の箴言は、巷《ちまた》によくある単なる人生訓ではなく、天風師が長い年月をかけて確立された心身統一法実践の信念から迸《ほとばし》り出た言葉です。今ふたたび目を通してみると、我々が何気なく見過ごしてしまうような事柄の一つひとつを取り上げて、重大な意義づけをして下さっており、その内容は高度でしかも師の深い慈愛に満ちています。すべての人にとって、日々新鮮な喜びと内省を含めて、人生を正しく、大事に活きるための大きな指針となるものばかりです。

あらためて師の広く深い心に感動し、驚き、目を覚まされる思いがします。

この箴言をただ会員の範囲だけに留めておくだけではもったいなく、今回一般読者に向けて再編集しましたが、天風会員以外の人にとっても、人間としての正しい活き方は如何にあるべきかの、実践的指針として充分理解できるものばかりだと思われます。本書を通じて世の多くの人々が、日々の活き方に対し示唆《しさ》を与えられ、必ずや大きな喜びを得るものと確信しています。

本文中に若干今日的表現でないところがありますが、師の言葉をできる限りそのまま残し、また難しい語句には注をつけて理解しやすいようにしました。

今まで天風師の教えに縁のなかった多くの人々が、本書を熟読して、一日一日の箴言の真意を深く理解し、人生への新しい目覚めと反省とを現実化することで、平和な素晴らしい人生を活きてゆかれることを願うものであります。

平成七年七月

天風会理事　四本貴資

●中村天風財団（公益財団法人 天風会）

天風会は、人間が本来生まれながらにもっている「いのちの力」を発揮する具体的な理論と実践論である「心身統一法」の普及啓発を目的とし、大正8年（1919年）に中村天風により創設された公益法人。

全国各地に賛助会を組織し、どなたにも気軽にご参加いただける講習会・行修会など各種セミナーを定期的に開催。

〒112-0012 東京都文京区大塚5―40―8
TEL：03―3943―1601／FAX：03―3943―1604
E-mail：info@tempukai.or.jp
URL：https://www.tempukai.or.jp

●本書は、一九九五年七月に小社より刊行されました。

|著者|中村天風　明治９年（1876年）生まれ。日露戦争の時に軍事スパイとして従事。終戦後結核を発病し心身ともに弱くなったことから人生を深く考えるようになり、人生の真理を求めて欧米を遍歴。一流の哲学者、宗教家を訪ねるが望む答えを得られず、失意のなか帰国を決意。その帰路ヨーガの聖者と出会いヒマラヤの麓で指導を受け、「自分は大宇宙の力と結びついている強い存在だ」という真理を悟ることで、病を克服し運命を切り拓く。帰国後は実業界で活躍するが、大正８年（1919年）、病や煩悩や貧困などに悩まされている人々を救おうと、自らの体験から〝人間のいのち〟の本来の在り方を研究、「心身統一法」を創見し講演活動を開始。その波乱の半生から得た「人生成功の哲学」は、触れる者をたちまち魅了し、皇族、政財界の重鎮をはじめ各界の頂点を極めた幾多の人々が「生涯の師」として心服した。昭和43年（1968年）没後も、天風門人となる者が後を絶たない。

叡智《えいち》のひびき　天風哲人《てんぷうてつじん》　箴言註釈《しんげんちゅうしゃく》

中村天風《なかむらてんぷう》

講談社文庫

定価はカバーに
表示してあります

2022年３月15日第１刷発行

発行者――鈴木章一
発行所――株式会社　講談社
東京都文京区音羽2-12-21　〒112-8001
電話　出版（03）5395-3510
　　　販売（03）5395-5817
　　　業務（03）5395-3615

Printed in Japan

KODANSHA

デザイン―菊地信義
本文データ制作―講談社デジタル製作
印刷―――凸版印刷株式会社
製本―――株式会社国宝社

ISBN978-4-06-527375-3

講談社文庫刊行の辞

二十一世紀の到来を目睫に望みながら、われわれはいま、人類史上かつて例を見ない巨大な転換期をむかえようとしている。

世界も、日本も、激動の予兆に対する期待とおののきを内に蔵して、未知の時代に歩み入ろうとしている。このときにあたり、創業の人野間清治の「ナショナル・エデュケイター」への志を現代に甦らせようと意図して、われわれはここに古今の文芸作品はいうまでもなく、ひろく人文・社会・自然の諸科学から東西の名著を網羅する、新しい綜合文庫の発刊を決意した。

激動の転換期はまた断絶の時代である。われわれは戦後二十五年間の出版文化のありかたへの深い反省をこめて、この断絶の時代にあえて人間的な持続を求めようとする。いたずらに浮薄な商業主義のあだ花を追い求めることなく、長期にわたって良書に生命をあたえようとつとめるところにしか、今後の出版文化の真の繁栄はあり得ないと信じるからである。

同時にわれわれはこの綜合文庫の刊行を通じて、人文・社会・自然の諸科学が、結局人間の学にほかならないことを立証しようと願っている。かつて知識とは、「汝自身を知る」ことにつきていた。現代社会の瑣末な情報の氾濫のなかから、力強い知識の源泉を掘り起し、技術文明のただなかに、生きた人間の姿を復活させること。それこそわれわれの切なる希求である。

われわれは権威に盲従せず、俗流に媚びることなく、渾然一体となって日本の「草の根」をかたちづくる若く新しい世代の人々に、心をこめてこの新しい綜合文庫をおくり届けたい。それは知識の泉であるとともに感受性のふるさとであり、もっとも有機的に組織され、社会に開かれた万人のための大学をめざしている。大方の支援と協力を衷心より切望してやまない。

一九七一年七月

野間省一

講談社文庫 最新刊

ルシア・ベルリン
岸本佐知子 訳
掃除婦のための手引き書
〈――ルシア・ベルリン作品集〉
死後十年を経て「再発見」された作家の、奇跡の文学。大反響を呼んだ初邦訳集が文庫化。

佐々木裕一
決着の鬩《とき》
〈公家武者 信平《のぶひら》(十二)〉
急転! 京の魑魅《すだま》・銭才《せんさい》により将軍が囚われた。巨魁と信平の一大決戦篇、ついに決着!

神津凛子
ママ
目を覚ますと手足を縛られ監禁されていた! シングルマザーを襲う戦慄のパニックホラー!

京極夏彦
文庫版 **地獄の楽しみ方**
あらゆる争いは言葉の行き違い――。地獄のようなこの世を生き抜く「言葉」徹底講座。

島本理生
夜はおしまい
誰か、私を遠くに連れていって――。女の「生」と「性」を描いた、直木賞作家の真骨頂。

瀬戸内寂聴
97歳の悩み相談
97歳にして現役作家で僧侶の著者が、若い世代の悩みに答える、幸福に生きるための知恵。

中村天風
叡智のひびき
〈天風哲人箴言注釈《しんげんちゅうしゃく》〉
『運命を拓く』で注目の著者の、生命《いのち》あるメッセージがほとばしる、新たな人生哲学の書!

ラトナ・サリ・デヴィ・スカルノ
選ばれる女におなりなさい
〈デヴィ夫人の婚活論〉
運命の恋をして、日本人でただ一人、海外の国家元首の妻となったデヴィ夫人の婚活術。

森 博嗣
アンチ整理術
〈Anti-Organizing Life〉
ものは散らかっているが、生き方は散らかっていない人気作家の創造的思考と価値観。

講談社文芸文庫

柄谷行人
柄谷行人対話篇Ⅱ 1984－88
精神医学、免疫学、経済学、文学、思想史学……生きていくうえでの多岐にわたる関心に導かれるようになされた対話。知的な刺戟に満ちた思考と言葉が行き交う。
978-4-06-527376-0
かB19

柄谷行人
柄谷行人対話篇Ⅰ 1970－83
デビュー以来、様々な領域で対話を繰り返し、思考を深化させた柄谷行人の対談集。第一弾は、吉本隆明、中村雄二郎、安岡章太郎、寺山修司、丸山圭三郎、森敦、中沢新一。
978-4-06-522856-2
かB18

夏原エキジ　Ｃｏｃｏｏｎ５〈瑠璃の浄土〉
長岡弘樹　夏の終わりの時間割
西村京太郎　華麗なる誘拐
西村京太郎　寝台特急「日本海」《メモリー・トレイン》殺人事件
西村京太郎　十津川警部　帰郷・会津若松
西村京太郎　特急「あずさ」《アリバイ・トレイン》殺人事件
西村京太郎　十津川警部の怒り
西村京太郎　宗谷本線殺人事件
西村京太郎　奥能登に吹く殺意の風
西村京太郎　特急「北斗1号」《スーサイド・トレイン》殺人事件
西村京太郎　十津川警部　湖北の幻想
西村京太郎　九州特急「ソニックにちりん」殺人事件
西村京太郎　東京・松島殺人ルート
西村京太郎　新装版　殺しの双曲線
西村京太郎　愛の伝説・釧路湿原
西村京太郎　山形新幹線「つばさ」殺人事件
西村京太郎　新装版　名探偵に乾杯
西村京太郎　十津川警部　君は、あのSLを見たか
西村京太郎　南伊豆殺人事件

西村京太郎　十津川警部　青い国から来た殺人者
西村京太郎　十津川警部　箱根バイパスの罠
西村京太郎　新装版　天使の傷痕
西村京太郎　新装版　D機関情報
西村京太郎　十津川警部　猫と死体はタンゴ鉄道に乗って
西村京太郎　韓国新幹線を追え
西村京太郎　北リアス線の天使
西村京太郎　十津川警部　長野新幹線の奇妙な犯罪
西村京太郎　上野駅殺人事件
西村京太郎　京都駅殺人事件
西村京太郎　沖縄から愛をこめて
西村京太郎　十津川警部「幻覚」
西村京太郎　函館駅殺人事件
西村京太郎　内房線の猫たち〈異説里見八犬伝〉
西村京太郎　東京駅殺人事件
西村京太郎　長崎駅《ナガサキ・レディ》殺人事件
西村京太郎　十津川警部　愛と絶望の台湾新幹線
西村京太郎　西鹿児島駅殺人事件
西村京太郎　札幌駅殺人事件

西村京太郎　十津川警部　山手線の恋人
西村京太郎　仙台駅殺人事件
西村京太郎　七人の証人〈新装版〉
西村京太郎　十津川警部　両国駅3番ホームの怪談
仁木悦子　猫は知っていた
新田次郎　新装版　聖職の碑《いしぶみ》
日本文芸家協会編　愛染夢灯籠〈時代小説傑作選〉
日本推理作家協会編　犯人たちの部屋〈ミステリー傑作選〉
日本推理作家協会編　隠された鍵〈ミステリー傑作選〉
日本推理作家協会編　Play《プレイ》推理遊戯〈ミステリー傑作選〉
日本推理作家協会編　Doubt《ダウト》きりのない疑惑〈ミステリー傑作選〉
日本推理作家協会編　Bluff《ブラフ》騙し合いの夜〈ミステリー傑作選〉
日本推理作家協会編　Propose《プロポーズ》告白は突然に〈ミステリー傑作選〉
日本推理作家協会編　Acrobatic《アクロバティック》物語の曲芸師たち〈ミステリー傑作選〉
日本推理作家協会編　ベスト8ミステリーズ2015
日本推理作家協会編　ベスト6ミステリーズ2016
日本推理作家協会編　ベスト8ミステリーズ2017
二階堂黎人　ラン迷宮〈二階堂蘭子探偵集〉
二階堂黎人　増加博士の事件簿

講談社文庫　目録

講談社文庫　目録

貫井徳郎　被害者は誰？
額賀　澪　完　パ　ケ！
A・ネルソン　「ネルソンさん、あなたは人を殺しましたか？」
法月綸太郎　雪　密　室
法月綸太郎　法月綸太郎の冒険
法月綸太郎　新装版 密閉教室
法月綸太郎　怪盗グリフィン、絶体絶命
法月綸太郎　怪盗グリフィン対ラトウィッジ機関
法月綸太郎　キングを探せ
法月綸太郎　名探偵傑作短篇集　法月綸太郎篇
法月綸太郎　新装版 頼子のために
法月綸太郎　誰《たそ》彼《がれ》〈新装版〉
乃南アサ　不　発　弾
乃南アサ　地のはてから(上)(下)
乃南アサ　新装版 鍵
乃南アサ　新装版 窓
野沢　尚　破線のマリス
野沢　尚　深　紅
野村克也／宮本慎也　師　弟

橋本　治　九十八歳になった私
原田泰治　わたしの信州
原田泰治／原田武雄　泰治が歩く〈原田泰治の物語〉
林　真理子　幕はおりたのだろうか
林　真理子　女のことわざ辞典
林　真理子　みんなの秘密
林　真理子　ミスキャスト
林　真理子　ミ　ル　キ　ー
林　真理子　新装版 星に願いを
林　真理子　野心と美貌〈中年心得帳〉
林　真理子　正　妻(上)(下)〈慶喜と美賀子〉
林　真理子　大《お》原《はら》御《ご》幸《こう》〈帯に生きた家族の物語〉
林　真理子　さくら、さくら〈おとなが恋して〉〈新装版〉
林　真理子／見城　徹　過剰な二人
原田宗典　スメル男〈新装版〉
帚木蓬生　日　御　子(上)(下)
帚木蓬生　襲　来(上)(下)
坂東眞砂子　欲　情
花村萬月　信長私記

花村萬月　續信長私記
畑村洋太郎　失敗学のすすめ
畑村洋太郎　失敗学実践講義〈文庫増補版〉
はやみねかおる　そして五人がいなくなる〈名探偵夢水清志郎事件ノート〉
はやみねかおる　都《ま》会《ち》のトム&ソーヤ(1)
はやみねかおる　都《ま》会《ち》のトム&ソーヤ(2)〈乱！RUN！ラン！〉
はやみねかおる　都《ま》会《ち》のトム&ソーヤ(3)〈いつになったら作戦《ミッション》終了？〉
はやみねかおる　都《ま》会《ち》のトム&ソーヤ(4)〈四重奏《カルテット》〉
はやみねかおる　都《ま》会《ち》のトム&ソーヤ(5)〈IN《イン》塀戸《VADE》〉(上)(下)
はやみねかおる　都《ま》会《ち》のトム&ソーヤ(6)〈ぼくの家へおいで〉
はやみねかおる　都《ま》会《ち》のトム&ソーヤ(7)《怪人は夢に舞う〈理論編〉》
はやみねかおる　都《ま》会《ち》のトム&ソーヤ(8)《怪人は夢に舞う〈実践編〉》
はやみねかおる　都《ま》会《ち》のトム&ソーヤ(9)〈前夜祭《EVE》 内人《ないと》side〉
はやみねかおる　都《ま》会《ち》のトム&ソーヤ(10)〈前夜祭《EVE》 創也《そうや》side〉
原　武史　滝山コミューン一九七四
服部真澄　クラウド・ナイン
濱　嘉之　警視庁情報官
濱　嘉之　警視庁情報官 ハニートラップ
濱　嘉之　警視庁情報官 トリックスター

2021年12月15日現在